重庆工商大学商科国际化特色项目
重庆工商大学学术专著出版基金　　　资助
重庆工商大学科研启动项目（项目号：950321030）

邓凤仪◎著

电子商务初始信任对购物网站信息说服机制的影响研究

Research on the Influence of
E-commerce Initial Trust on Online Shopping
Website's Information Persuasion Mechanism

中国财经出版传媒集团
经济科学出版社
Economic Science Press

图书在版编目（CIP）数据

电子商务初始信任对购物网站信息说服机制的影响研究/邓凤仪著.—北京：经济科学出版社，2021.11
ISBN 978-7-5218-3094-1

Ⅰ.①电… Ⅱ.①邓… Ⅲ.①电子商务-消费者行为论-研究 Ⅳ.①F713.55

中国版本图书馆 CIP 数据核字（2021）第 239018 号

责任编辑：杜　鹏　刘　悦
责任校对：李　建
责任印制：邱　天

电子商务初始信任对购物网站信息说服机制的影响研究
邓凤仪　著
经济科学出版社出版、发行　新华书店经销
社址：北京市海淀区阜成路甲 28 号　邮编：100142
编辑部电话：010-88191441　发行部电话：010-88191522
网址：www.esp.com.cn
电子邮箱：esp_bj@163.com
天猫网店：经济科学出版社旗舰店
网址：http://jjkxcbs.tmall.com
固安华明印业有限公司印装
710×1000　16 开　11.25 印张　180000 字
2022 年 1 月第 1 版　2022 年 1 月第 1 次印刷
ISBN 978-7-5218-3094-1　定价：59.00 元
(图书出现印装问题，本社负责调换。电话：010-88191510)
(版权所有　侵权必究　打击盗版　举报热线：010-88191661
QQ：2242791300　营销中心电话：010-88191537
电子邮箱：dbts@esp.com.cn)

前　言

对于快速发展的中国电子商务而言，野蛮生长带来的信任问题尤为引人关注。已有研究证实，消费者对特定网站的具体信任度，会对消费者针对产品的态度和购买意愿产生影响。但电子商务中的消费者信任是一个复杂的、多维度的概念，除消费者对特定网站的具体信任外，其他信任维度是否会对消费者的网络购物产生影响亟待进一步研究。

本书以电子商务中消费者的初始信任为切入点，通过三个研究分别讨论了消费者初始信任中信任倾向、制度信任、信任信念在网站信息说服机制中的作用。全书共分为七个章节，前三章分别提出了本书的研究背景和问题，整理了国内外有关电子商务信任及电子商务信息说服的研究成果，并提出了本书的理论模型。第四章至第六章分别验证了理论模型中构成消费者初始信任的三个概念在网站说服机制中的作用。其中，第四章通过一个2（论据质量高 vs 低）×2（图片吸引力高 vs 低）并测量消费者个人信任倾向的组间实验证实了对于体验类产品而言，消费者的个人信任倾向会负向调节电子商务网站中论据质量对产品态度的影响。第五章通过一个2（论据质量高 vs 低）×2（店铺声誉高 vs 低）并测量消费者制度信任水平的组间实验证实了对于信任类产品而言，消费者心目中的制度信任水平将正向调节电子商务网站中论据质量对产品态度的影响，同时将负向调节电子商务网站中店铺声誉对产品态度的影响。第六章通过问卷调查法验证了电子商务网站中论据质量、商品评分、卖家声誉、支持服务、网站设计、网站规模将通过影响消费者对该网站的信任信念影响消费者的购买意愿，其中，信任信念在电子商务网站各类说服信息及购买意愿间起中介作用。第七章为本书的总结，详细阐述了本书的研究结论以及理论贡献，并基于第四、第五、第六章三个研究的结论有针对性地为电子商务从业者们提出了实践建议。此外，第七章对本书的研究局限和未来的研究方向进行阐述。

本书的主要内容基于笔者的博士学位论文，在此特向指导笔者完成论文的导师——厦门大学新闻传播学院黄合水教授表示诚挚的感谢。此外，本书的研究以大量电子商务信任及说服领域的研究成果为基础，在此特向参考文献中各位研究者和学生表示真挚的敬意。另外，本书获得了"重庆工商大学商科国际化特色项目""重庆工商大学学术专著出版基金"以及"重庆工商大学科研启动项目"的资助，在此一并表示谢意！

邓凤仪

2021年夏于重庆

目 录

第一章 绪 论 ··· 1
 第一节 研究背景与问题提出 ··· 1
 第二节 研究目的与意义 ··· 4
 第三节 研究主要内容 ·· 6
 第四节 研究方法与技术路线 ··· 8

第二章 国内外文献综述 ··· 11
 第一节 信任的内涵 ·· 11
 第二节 电子商务初始信任 ·· 17
 第三节 电子商务中的说服研究 ··· 33

第三章 理论模型 ·· 38
 第一节 消费者信任倾向对购物网站中信息说服机制的影响 ········ 38
 第二节 消费者制度信任对购物网站中信息说服机制的影响 ········ 40
 第三节 消费者信任信念对购物网站中信息说服机制的影响 ········ 42
 第四节 理论模型的提出 ·· 45

第四章 消费者信任倾向对电子商务信息说服机制的影响 ············ 47
 第一节 研究假设及实验模型 ··· 47
 第二节 实验设计 ··· 51

第三节　数据分析 …………………………………………… 59
　　第四节　假设检验 …………………………………………… 67
　　第五节　本章小结 …………………………………………… 72

第五章　消费者制度信任对电子商务信息说服机制的影响 ……… 76
　　第一节　实验模型及研究假设 ……………………………… 76
　　第二节　实验设计 …………………………………………… 80
　　第三节　数据分析 …………………………………………… 88
　　第四节　假设检验 …………………………………………… 95
　　第五节　本章小结 …………………………………………… 102

第六章　消费者信任信念在电子商务信息说服机制中的作用 …… 105
　　第一节　实验模型 …………………………………………… 105
　　第二节　研究问卷 …………………………………………… 114
　　第三节　数据分析 …………………………………………… 119
　　第四节　假设验证 …………………………………………… 128
　　第五节　本章小结 …………………………………………… 134

第七章　结论与展望 ……………………………………………… 137
　　第一节　研究结论 …………………………………………… 137
　　第二节　理论贡献 …………………………………………… 139
　　第三节　实践启示 …………………………………………… 142
　　第四节　研究局限与未来研究方向 ………………………… 145

参考文献 ………………………………………………………… 150

第一章 绪 论

第一节 研究背景与问题提出

一、研究背景

21世纪以来,中国电子商务的快速发展吸引了全世界的注意。根据商务部2020年的报告,2019年,中国网民规模已超过9亿人,全国电子商务交易额达34.81万亿元,其中,网上零售额达10.63万亿元,同比增长16.5%,实物商品网上零售额8.52万亿元,占社会消费品零售总额的比重上升到20.7%;电子商务从业人员达5125.65万人[①]。

随着电子商务产业的快速发展,研究者们和电子商务供应商越来越关注如何才能更有效地通过电子商务网站和广告说服消费者,以提升消费者的购买意愿。因为在电子商务中消费者不能直接接触商品,只能依赖电子商务网站中呈现的信息做出购买决策(Park et al., 2007)。研究者们认为,电子商务中的购买过程本质是消费者浏览电商网页,受到网页信息影响,从而做出网络购物决策的过程(顾琳和肖狄虎,2017)。已有研究证实感知信息透明度、感知风险、网站质量、感知易用性、售后服务以及信任等因素均会影响消费者进行电子商务购物的意愿(Kim, Ferrin & Rao, 2008; Jung & Seock, 2017; Zhou et al., 2018)。在这些因素中,信任和电子商务网站中的信息被认为是影响消费者购买意愿最重要的两个

---

① 商务部电子商务司. 中国电子商务报告2019 [R]. 北京:2020.

因素（Nilashi et al.，2015；Oghazi et al.，2018）。

电子商务信任一直都是心理学、社会学、广告学、管理学以及营销学等学科共同关注的研究课题之一。在20世纪末电子商务发展的初期，信任被认为是影响消费者是否进入电子商务市场的首要因素（Chen & Barnes，2007）。随着越来越多的消费者开始在电子商务平台购物，研究者们又发现信任是影响消费者网络购物行为意愿的重要因素。目前，电子商务已经凭借其网络化、全球化、无形化、个性化和一体化的优势成为主流的商业形式之一（陈晴光，2015）。随着电子商务未来会更快速增长的趋势，电子商务信任的重要性也越发突出。因为电子商务在具有一系列优势的同时，也存在信息不对称、交易时空分离以及交易环境虚拟化等特点（鲁耀斌和周涛，2005；田博和覃正，2008）。而这些问题的解决，需要依赖消费者心目中电子商务信任的形成。

而在电子商务网站信息方面的研究中，尼拉希等（Nilashi et al.，2015）发现，电子商务网站内容的完善能够影响消费者。起到同样作用的还有错误的避免、视觉美觉的提升等（Nilashi et al.，2015；Oghazi et al.，2018）。此外，在该领域的研究中，佩蒂和卡乔波（Petty & Cacioppo，1986）提出的精细加工可能性模型（ELM）常被用于研究电子商务信息的说服过程。例如，王全胜（2009）运用ELM验证了第三方标记认证、第三方排名、第三方契约是如何影响消费者的购买意愿的；包敦安与董大海（2009）则分析了电子商务网站评论区的透明程度以及发帖者级别；朱丽叶（2017）研究了商品评论者等级等信息。

然而，对于电子商务信任和电子商务网站中信息的研究有以下两个方面亟待做进一步的讨论分析。首先，麦克奈特等（McKnight et al.，2002）在研究电子商务初始信任时提出了消费者的信任倾向（disposition to trust）、制度信任（institution-based trust）、信任信念（trust belief）三种组成结构。其中，信任信念指消费者对某一特定网站的信任情况（廖以臣和刘意，2009），这也是目前被研究最多的电子商务信任类型。然而，除了信任信念以外，消费者的信任倾向与制度信任同样重要。以制度信任为例，在中国电子商务发展过程中，制度信任问题十分值得注意。特别是，我国目前存在信用体系及市场监督体系尚不完善，假冒伪劣商品屡禁不止、售后服务不健全以及市场鱼龙混杂等情况。中国互联网络信息中心（CNNIC）于2017年的调查报告显示，39.1%的网民遭遇过网上诈骗，33.8%的网民的账号和密码曾被盗，32.9%的网民个人信息遭到泄露①。以上问题均会对消费者心目中电子商务制度信任水平产生影响。因此，对电子商务中消费者信任倾向及制度信任的研究将完善电子商务信任的相关理论。其次，在电子商务网站信息与电子商务信任两个重要的变量之间的交互关系方面，尼拉希等（Nilashi et al.，2015）研究了内容的完善、错误的避免、视觉美觉的提升等怎样提升消费者对特定网站的信任。目前的研究主要集中于电子商务信息对消费者信任信念的影响。然而，电子商务信任特别是信任倾向和制度信任是否会反过来影响电子商务信息的说服效果有待进一步讨论。

二、研究问题

基于以上讨论，本书将围绕电子商务中信息与信任的关系展开研究。具体而言，本书将分别就电子商务信任中消费者信任倾向、消费者制度信任、消费者信任信念这三种信任结构在电子商务网站信息说服机制当中的作用进行探索和讨论。围绕该主题，本书将研究的问题划分为以下四个方面，并分别通过不同的研究设计得以回答。

第一，西方的经典说服模型、精细加工可能性模型（elaboration likelihood model，ELM）是否适用于中国电子商务中信息及广告的说服过程。

第二，若ELM适用于中国电子商务信息说服过程，消费者的个人信任倾向在电子商务信息说服机制中起到怎样的作用？消费者个人信任倾向对于中心及边缘线索说服效果的影响是否相同？

第三，若ELM适用于中国电子商务信息说服过程，消费者的制度信任在电子商务信息说服机制中起到怎样的作用？消费者制度信任对于中心及边缘线索说

---

① 中国互联网络信息中心（CNNIC）.中国互联网络发展状况统计报告（第40次）[R].北京：2017.

服效果的影响是否相同？

第四，若 ELM 适用于中国电子商务信息说服过程，消费者的信任信念在电子商务信息说服机制中起到怎样的作用？

第二节　研究目的与意义

一、研究目的

电子商务的发展一直受到政府、业界和学界的高度重视。商务部、中央网信办、发展改革委联合发布的《电子商务"十三五"发展规划》（以下简称《规划》）提到"鼓励电子商务企业依托新兴的视频、流媒体、直播等多样化营销线索传递商品信息"。事实上，由于电子商务中产品同质化竞争日益激烈，学界、业界均开始关注多样化的电子商务网站信息以及信息传播方式如何作用于消费者的行为意愿并最终影响盈利数据的问题。

此外，由于电子商务存在信息不对称、交易时空分离以及交易环境虚拟化等特点，消费者对电子商务的信任问题也备受关注。目前，中国电子商务信用体系及市场监督体系尚不完善，假冒伪劣商品屡禁不止、市场鱼龙混杂的情况不容回避。要保证电子商务的发展达到规划的体量目标，除了《规划》中一再强调的通过"优化电子商务治理环境"增强消费者对电子商务的信任水平之外，消费者信任与各类说服信息以及新兴营销技术之间的作用机制也亟待厘清。信任水平的提升能否增强所有营销信息的说服效果？在低信任水平下何种营销线索更为有效？新兴的营销技术能否增强消费者对电子商务的信任？以上问题的解决或为电子商务从业者提供不同信任阶段不同的营销策略。

为此，本书从电子商务网站信息与消费者对电子商务信任的交叉视角展开两者之间的作用机制研究。分别研究电子商务信任中不同结构的信任（信任倾向、制度信任、信任信念）对电子商务网站信息（边缘线索、中心线索）说服机制的影响。一方面厘清电子商务中消费者信任倾向、消费者制度信任水平与营销方式的相互作用模型；另一方面探索不同信息线索对消费者信任信念的影响程度，找到提升消费者信任的路径。

二、研究意义

从应用层面来说，本书的研究能够为电子商务从业者提供关于电子商务网站信息设计、新兴营销线索选择方面更为科学的依据和建议。此外，随着大数据和人工智能技术的不断发展，消费者的个体信任倾向和制度信任水平或许在未来能够通过"算法"进行量化。如目前的互联网、移动互联网广告正逐步实现个性化推送一般，或许未来电子商务从业者能够在技术手段的帮助下向不同信任倾向及制度信任水平的消费者推送包含不同信息设计方式的购物网站。同样，电子商务从业者还能够根据中国不同的信任发展阶段制定信息传播及营销方案。以上两点均会帮助电子商务从业者提升其盈利水平和业务规模。

学术价值方面，精细加工可能性模型（ELM）等经典说服模型在西方社会语境下被提出，引入被西方忽视却符合中国现状的变量可完善该模型，推动说服理论进步。ELM 自 1981 年被提出以来，被广大学者们认为是在解释态度变化领域具有很大影响力、具有很大价值、流行度很广的模型（Schumann et al., 2012）。然而，这个模型的提出背景是在工业化时代以及传统媒体时代。学者们认为，互联网和移动互联网的诞生让广告的形式和播放方式都发生了巨大的变化（Truong et al., 2010）。基钦斯等（Kitchen et al., 2014）由此开始怀疑 ELM 在新媒介环境中的适应性，并认为在新媒介环境中对 ELM 进行重复研究很有必要。本书的研究，一方面，将 ELM 应用于快速发展的电子商务，探究了传统的、西方的说服模型是否能够适用于目前中国电子商务的语境；另一方面，更重要的是，探究了在目前中国的电子商务语境下，是否有新的、能够影响信息说服机制的结构在 ELM 框架下得到解释。通过本书的三个研究发现，消费者信任倾向和消费者制度信任水平确实能够调节电子商务网站中心线索的说服效果。这些发现丰富了

ELM 的理论框架。

第三节　研究主要内容

一、研究范围界定

（一）B2C 电子商务

经济合作与发展组织（OECD）将电子商务定义为发生在开放网络上的包含企业之间（business to business，B2B）、企业与消费者之间（business to consumer，B2C）以及消费者与消费者之间（consumer to consumer）的商业交易。本书将对企业与消费者之间（B2C）的电子商务进行研究，选定 B2C 为研究对象主要出于以下两点考虑。

首先，企业之间（B2B）的电子商务因存在着较为正规的企业间合同等契约的约束，信任的影响力让位于企业规模、控制力等变量。然而，在企业与消费者之间（B2C）和消费者与消费者之间（C2C）两种电子商务形态中，消费者是供应链和分配链的终端，是链条中各参与方最终依赖的对象。商家没有合约力量控制消费者，如果消费者产生不信任的感觉，消费者可以随时离开。因此，对于 B2C 与 C2C 而言，消费者信任会对消费者行为的影响更大。

其次，在 B2C 与 C2C 两种电子商务形态中，B2C 电子商务更正规一些，且一直处于快速发展的状态。根据艾瑞咨询 2016 年的报告，2015 年中国网络购物市场中，B2C 电子商务的占比首次超过 C2C 电子商务，达到 51.9%[①]。在中国，广袤的地域、巨大的人口基数、不断更新升级的互联网技术以及迅速增长的上网人数等因素确实为 B2C 电子商务市场的发展提供了诱人的前景，不难预测，B2C 会进一步成为市场主流。因此，艾瑞咨询认为，B2C 的占比有在 2019 年达到

---

① 艾瑞咨询，http：//www.iresearch.com.cn/view/260788.html。

70%的趋势①。

(二) 电子商务初始信任

电子商务信任是一个复杂的概念。美国学者列维奇（Lewicki，1998）提出，电子商务中的"信任"是一个动态变化的过程，可分为初始信任与持续信任，且不同阶段的信任对消费者行为意愿的影响也不尽相同（朱家川，2015）。为避免电子商务信任概念内涵的复杂性带来的困扰，本书中的电子商务信任指电子商务的初始信任。做此选择的原因如下：（1）初始信任是电子商务中信任的第一步，菲夫和斯特劳布（Gefen & Straub，2004）认为，对于没有某具体网站购物经验的消费者来说，初始信任对消费者在该网站的购物决策具有重要影响。研究者们认为，初始信任决定了顾客听从商家建议、共享个人信息以及购物的动机（麦克奈特等，2001）。（2）目前B2C电子商务网站规模巨大，仅在阿里巴巴集团下的天猫平台上，企业店铺便以数十万计。对于消费者而言，每一次购物都在一个特定网站的概率不大。现实生活中，消费者往往根据需要购买的商品在电商平台进行搜索，然后选择一个或多个网页进行浏览，因此，消费者首次接触某特定网站的可能性很大。（3）消费者的持续信任受到消费者之前在该网站上购买的商品质量及服务体验等多个变量影响。将研究范围界定为消费者的初始信任，能够有效地排除此类变量对消费者行为意愿的影响，更方便模型的验证以及实验的设计。

二、研究内容

本书将针对上述提到的三个研究问题，开展三个实验来系统讨论。具体而言，本书的研究分为四个部分。

第一部分为绪论，由第一章构成。该部分重点阐述了本书的研究背景、研究的问题、研究的范围、研究内容与框架以及研究方法。

---

① 艾瑞咨询，http://www.iresearch.com.cn/view/260788.html。

第二部分为文献综述及模型建立，由第二、第三章构成。第二章文献综述梳理了电子商务信任的概念及维度，以及各维度电子商务信任的前因变量、结果变量以及测量方式的研究情况。此外，该部分梳理了应用说服模型（精细加工可能性模型）与电子商务的研究，以及电子商务信任如何影响电子商务说服机制的研究。基于第二章的文献梳理，第三章提出了电子商务初始信任的三个构成部分在电子商务信息说服过程中起到不同作用的研究模型。

第三部分通过实验法与问卷调查法对研究模型进行验证，由第四、第五、第六章组成。第四章由一个2（论据质量低 vs 高）×2（边缘线索无 vs 有）的组间实验构成，边缘线索为图片吸引力，消费者信任倾向为测量变量，实验产品为体验型产品。该实验设计为了讨论精细加工可能性模型（ELM）能否解释电子商务网站信息的中心线索（论据质量）以及边缘线索说服消费者的过程，"消费者信任倾向"是否对以上两种说服信息的效果起到调节作用。第五章由一个2（论据质量低 vs 高）×2（边缘线索无 vs 有）的组间实验构成，边缘线索为店铺声誉，消费者制度信任为测量变量，实验产品为信任型产品。该实验讨论了"消费者制度信任水平"作用于中心线索（论据质量）与边缘线索说服效果的情况。第六章则通过问卷调查的方式验证了消费者信任信念在说服线索（中心线索以及边缘线索）与购买意愿中的中介作用。

第四部分为研究结论，由第七章组成。该部分主要是对三个研究结果进行讨论，并根据相应的研究结论对电子商务营销提供理论指导。此外，这部分针对本书研究的局限性进行了讨论，以便为进一步的研究提出合理化建议。

第四节　研究方法与技术路线

一、研究方法

本书所采用的研究方法主要是实验法与问卷调查法。

实验法的特点是，通过系统操纵或改变一个变量，观察其对另一个变量造成的影响，并在此基础上揭示变量之间的因果关系，它尤其适合于探索性、开拓性的研究。在研究过程中，笔者首先设计了实验所需的材料并对其进行测评，以确保材料符合实验的要求；其次，通过实验设计对自变量进行操纵或改变，探究其对因变量的影响；最后，在获取实验数据之后，使用 SPSS 统计软件对数据进行分析，并验证假设。

问卷调查法则是国内外社会调查中较为广泛使用的一种方法。问卷是指为统计和调查所用的、以设问的方式表述问题的表格。问卷法就是研究者用这种控制式的测量对所研究的问题进行度量，从而收集到可靠资料的一种方法。

本书中涉及的统计技术主要包括：就因子分析等对实验问卷进行信度及效度校验，以及相关分析、回归分析、多层回归分析、bootstraping 等。自变量的操纵方法参考相关的心理学和广告学研究，自变量及因变量的测试项目来源于相关研究中的规范量表。另外，实验刺激物基于真实的电子商务网站并根据实验目的进行修改得到。实验通过前测选取实验商品后使用了虚拟品牌，排除了品牌熟悉程度、品牌忠诚度等变量的干扰。

二、技术路线

本书的技术研究路线主要分为理论分析、实证验证、结论运用三个模块。其中，第二、第三章为理论分析板块，通过文献评述提出本书的研究模型。第四、第五、第六章为实证验证模块，通过实验法对模型进行实证检验。第七章为结论应用模块，提出本书研究的理论价值和实际应用价值，研究技术路线如图 1-1 所示。

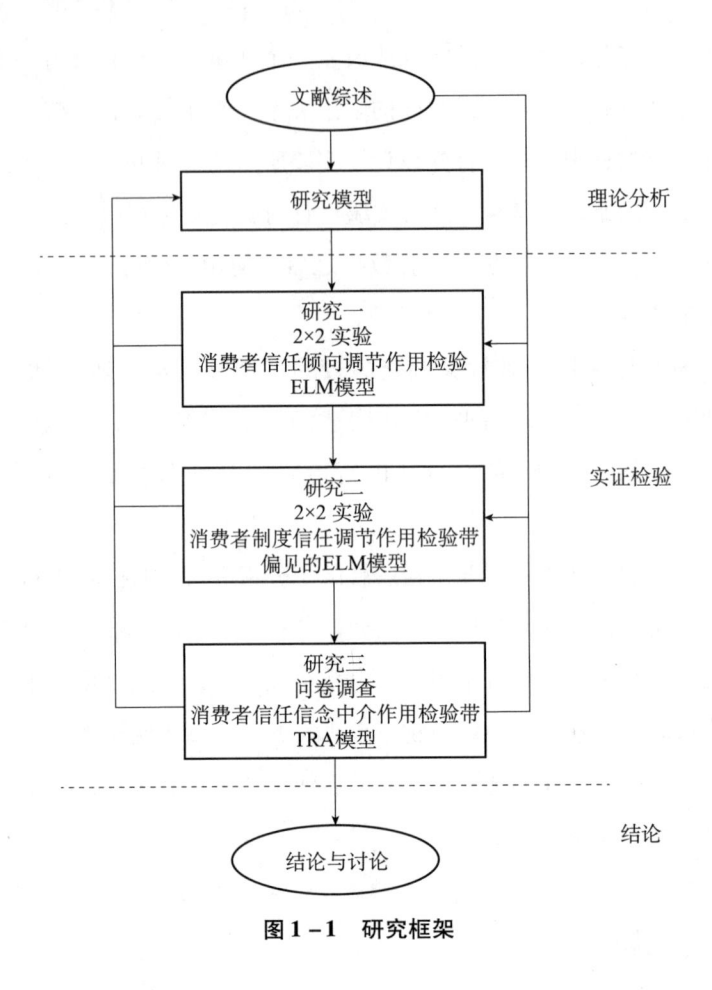

```
         ┌─────────────┐
         │  文献综述   │
         └─────────────┘
                │
         ┌─────────────┐
         │  研究模型   │         理论分析
         └─────────────┘
─ ─ ─ ─ ─ ─ ─ ─ ─ ─ ─ ─ ─ ─ ─ ─ ─ ─ ─
         ┌─────────────────┐
         │    研究一       │
         │   2×2 实验      │
         │消费者信任倾向调节作用检验│
         │   ELM 模型      │
         └─────────────────┘

         ┌─────────────────┐
         │    研究二       │
         │   2×2 实验      │        实证检验
         │消费者制度信任调节作用检验带│
         │   偏见的ELM模型 │
         └─────────────────┘

         ┌─────────────────┐
         │    研究三       │
         │   问卷调查      │
         │消费者信任信念中介作用检验带│
         │    TRA 模型     │
         └─────────────────┘
─ ─ ─ ─ ─ ─ ─ ─ ─ ─ ─ ─ ─ ─ ─ ─ ─ ─ ─
         ┌─────────────┐
         │ 结论与讨论  │           结论
         └─────────────┘
```

图 1-1 研究框架

第二章 国内外文献综述

第一节 信任的内涵

一、各学科信任定义综述

在信任的研究中，各学科之间定义的差异表明了"信任"这个概念固有的内在冲突和不同假设（Charles，1996）。威廉姆森（Williamson，1993）等经济学家认为，信任是可以计算的或者是制度性的。心理学家们则通常根据信任方和被信任方的特点来归纳信任的定义，将信任内涵的重点放在个人的内部感知以及属性上（道格拉斯，1994）。格拉诺维茨（Granovetter，1985）与扎克（Zucker，1986）等社会学家的定义则强调信任在人际关系或者机构的社会嵌入属性。即使如此，信任的重要性依旧在社会学、心理学、营销学以及经济学等领域被普遍承认及强调。因为信任能够促进合作（Barber & Gambetta，1988）、简化复杂的社会行为（尼克拉斯，2005）、形成良好的人际关系（Lewis & Weigert，1985）、增加虚拟工作组的工作效率（Meyerson et al.，1996）以及提升消费者忠诚水平（Chow & Holden，1997）等。

信任研究的先河由德国社会学家西梅尔（Simmel，1997）的专著《货币哲学》开启。西梅尔于20世纪初期在《货币哲学》中提出了"信任"的概念，并对其进行了较为详细的论述。西梅尔的信任理论认为，社会开始于人们之间的互动。在当代，互动的主要形式是交换，尤其是以货币为中介的交换，这种交换离开信任就无法进行。换言之，整个社会的运行离不开信任。在该信任理论中，信任是重要的社会综合理论。信任不同于归纳性知识，不仅包含认知性因素，还包含一种类似于信仰的超验的因素。西梅尔的理论为信任在社会学研究中的重要地位奠定了基础（Levine et al.，1976）。沿着西梅尔开创的信任理论，社会学家卢曼（Luhmann，1979）开始系统地研究"信任"概念。卢曼从新功能主义视角提出，信任是一种能够超越有限理性、克服信息不完整的简化复杂机制，能够减少社会活动及社会交往的复杂性。伯纳德·巴伯（1989）则提出，信任是包含着"认知性""情感性""道德性"的多层次的期望，这种依赖多种期望所构建而成的信任，是一种维持社会秩序，进行社会控制的重要机制。思科和巴伯（Coser & Barbor，1983）同样认为，信任是多层次的。他将信任分为"简单信任""系统信任""具体信任"三个层次。"简单信任"指对世界普遍规律的信任，例如，"我相信地球是圆的"；"系统信任"指对社会组织的非人际信任，例如，"我相信法律是公正的""我相信政府是讲诚信的"；"具体信任"指对特定对象的人际信任，例如，"我相信这次的合作伙伴不会利用我的弱点去获利"。扎克（1986）则从发生学的角度将信任分为"基于交往经验的信任""基于行动者社会、文化特性的信任""基于制度的信任"三个层次。扎克定义中的第一个层次的信任来自交往、交换和交易经验的积累，以互惠性为核心；第二个层次的信任根源于社会模仿和合作规则；第三个层次的信任是建立在非个人的规则、社会规范和制度基础上。由此看来，社会学家们研究中的信任已经由私人信任扩展到公共性的专家系统、制度系统或法律系统的信任（熊焰，2007）。

20世纪50年代，信任的研究吸引了许多心理学家们的注意。多伊奇（Deutsch，1958）在发表著名的囚徒困境实验时指出，信任是个人在某种情境刺激下的反应，是指愿意承担因为依靠他人的决策而可能给自己带来损失的风险。因此，人际信任的核心在于承担风险的意愿（多伊奇，1958）。此后，心理学家们普遍认为信任是一种信念、期望或情感。例如，罗特（Rotter，1967）认为，信任是个人的内部信念，由信任方对被信任方的属性进行评估后构建。萨贝尔（Sabel，1993）认为，信任是交往双方共同具有的，对于两人都不会利用对方弱点的信心。也有心理学家沿着多伊奇的研究思路从行为学的角度将信任理解为对情景的反应。例如，霍斯默（Hosmer，1995）认为，信任是个体面临一个预期的损失有可能大于预期收益的不可预料事件时做出的非理性行为。

在经济学领域，康芒斯（Commons，2013）在《制度经济学》中将信任称为实现交易的基础。因为"每一项经济交易中都存在着冲突，而相互依赖与信任对方是解决冲突的途径，人们通过买卖这种平等自愿互利的信任关系而产生了平等的交换关系"。道格拉斯·诺斯（1990）以古典经济学中"理性经济人"假设为前提，将信任看作复杂的情感和心理现象，信任行为的产生源于交易的达成和理性的计算，要维持交易所需要的信任，制度就必须具有明确性和一致性，必须对违反制度的行为予以必要的惩罚。达格（Dugger，1987）与克尔曼（Coleman，1990）也从理性经济人角度出发，认为信任是理性行动者在内心经过成本—收益计算后的选择，当预期收益大于预期损失时，理性行动者会给予对方信任。此外，制度经济学代表人物威廉姆斯（1993）提出，信任是可以计算的。他将信任分为以计算为基础的信任、人际信任和以制度为基础的信任。其中，前两者是可以进行内生设计的，而制度信任作为一种外生的、非人格化的信任。制度信任包含了社会中的制度规范，例如具有惩罚和制裁效力的法律、风俗等，制度信任的运作依赖于"强制性"和信息这个中间变量，它在经济交易中的广泛扩展，可以克服有限理性和机会主义带来的不确定性。

在管理学领域的研究中，信任被视为组织之间或个体和组织之间相互信赖的一种现象。在管理领域，信任可以用来提高顾客的满意度、减少不确定性、降低交易成本，还是组织控制的一种形式（熊焰，2007）。由于管理学中的信任研究主要是组织中人际信任研究，管理学家们大多沿用心理学家们提出的信任概念。其中引用量最高的是迈耶等（Mayer et al.，1995）提出的，信任是不考虑一方对另一方的监视和控制能力如何，一方总是认为另一方按照对他重要的行为方式行事，而将自己置于因对方行为而易受攻击状态下的意愿。

在市场学以及营销学的研究中，信任常被视为依靠自己信赖的交易方的意愿。摩根（Morgan et al.，1994）等的研究认为，信任是对交易伙伴可靠性及诚信度的一种主观感知。多尼与坎农（Doney & Cannon，1997）同样认为，信任是感知正直与善意。菲夫（Gefen，2000）虽然将个体所感知的维度由正直与善意扩展为能力、善意以及正直三个维度，但他认为这三个维度所描述的是被信任方可信度的属性，信任的概念依旧应为依靠对方的一种意愿。古哈（Guha et al.，2004）等同样认为，信任描述的是依靠自己信赖的交易方的意愿。该领域的研究者们发现，他们定义中的信任可以推动企业关系影响战略顺利地实施（多尼与坎农，1997）。

二、信任内涵界定

由于各学科之间对信任的定义存在区别，罗素（Rousseau，1998）试图通过梳理心理学、社会学、经济学、伦理学以及组织行为学等学科间信任的内涵寻找不同信任定义间的共性，以便于各学科间研究结果的参照。罗素发现，各学科间信任定义的基本要素在理论上是相互联系的，且信任的以下四点内涵是各学科间共同承认的。

第一，在所有信任的定义中，信任都是存在于"信任方（trustor）"和"被信任方（trustee）"之间的。在各个学科定义中，"信任方"必然是人，因此，信任是主观的，是人对被信任方的主观认识。而"被信任方"在不同学科中体现为不同的主体。心理学领域被信任方同样为人，社会学领域被信任方为人或者某种制度，经济学或管理学中被信任方为人、组织或者市场等。查希尔等（Zaheer et al.，1998）指出，由于被信任方不同，组织间的信任与个人间的信任是不同的。

第二，各学科间一致认为，风险的存在是信任产生的必要条件。在决策者的眼中，风险被解释为感知到的造成损失的概率（Maccrimmon et al.，1986）。罗素总结各定义的共同点时发现，信任与风险的承担之间为相互依赖存在的关系：风险的存在为信任的产生创造了可能，而信任的产生导致了承担风险的可能。因为刘易斯和韦格特（Lewis & Weigert，1985）曾指出，一个完全确定不会带来风险的行动是不需要信任的。

第三，信任的本质是一种"愿意承担风险的意愿"。在各学科对信任的定义和解释中,"willingness to be vulnerable(将自己处于因相信对方而易受损失状态下的意愿)"反复出现(罗素,1998)。不同学科领域的学者也使用"依赖的意愿"(Doney & Cannon,1997)或者"积极的期望"(Lewicki et al.,1998)来表达"愿意承担风险的意愿"的意思。由此可见,在任何学科的研究中,信任都是一种心理状态,而并不是行为或选择。麦克奈特和奇瓦尼(2002)曾通过强调"信任"和"信任行为"两个概念的区别来防止学术界有人对信任的本质发生误解。他们强调,"信任"指的是承担风险的意愿,而"信任行为"指对风险的承担。

第四,信任的产生是建立在被信任方向信任方传递值得信任的信号的基础上。也就是说,信任程度的区别(意愿强弱的高低)源自信任方对被信任方"可信度"(trust-worthiness)的感知(Mayer et al.,1995)。迈耶等所提出的"可信度"概念解释了为什么不同个体对同一对象的信任水平会有所不同,以及为什么个体对不同对象的信任水平会有所不同。为了防止学者们混淆概念,迈耶等(1995)在其研究中强调,信任指的是信任方的意愿,而可信度是信任方关于被信任方特征的感知。迈耶等的研究沿用了吉芬(Giffin,1967)提出的测量可信度的三个维度,即信任方所感知到被信任方的"能力、正直、善意"三维度。目前,这三个测量被信任方可信度的维度是信任领域研究中被引用量最高的框架结构。

基于以上研究,本书将信任的内涵界定为:在行动存在风险的情况下,信任方基于对被信任方能力、正直、善意的感知,将自己置于因对方行为而易受攻击状态下的意愿。

三、信任的维度

在各学科对信任各有区别的定义基础上,除了上述四点定义达成共识的信任内涵以外,关于信任的维度也是各学科研究的重点。总体来看,信任维度的研究呈现从单维到多维的发展趋势。有学者认为,信任维度研究主要分为信任者角度、被信任者角度以及相互关系角度三个方面(徐碧祥,2007)。

基于信任者视角来说，有研究者认为，信任可分为情感型信任（affect-based trust）和认知型信任（cognition-based trust）两个维度（McAllister，1995）。也有研究提出了计算型信任（calculus-based trust）、认同型信任（identification trust）和知识型信任（knowledge-based trust）三个维度（Liwicki & Bunker，1995）。

而大部分研究者是从被信任者的视角对信任的维度进行研究。其中，认为信任存在两个维度的研究者们提出了可信度（credibility）和善意（benevolence）（Ganesan，1994）；能力信任（competence trust）和善意信任（goodwill trust）（Farell et al.，2005）。持信任存在三维度的研究者们则将信任分为预测性（predictability）、可靠性（dependability）和信念（faith）三个维度（Rempel et al.，1985），以及能力（ability）、善意（benevolence）和正直（integrity）三个维度（Mayer et al.，1995）。我国学者许科（2002）则在中国的文化背景下提出，信任可划分为道德信任、行为信任、权威信任和关系信任四个维度。从以上研究结论可以看出，目前以被信任者角度分析信任维度的研究分别提出了两维度、三维度、四维度等观点，而且即使设定的维度相同，其命名和内涵依然差异很大。

此外，还有部分研究者从相互关系的视角对信任的维度进行了探讨。例如，有研究者将信任的维度分为以过程为基础的信任（process-based trust）、以特征为基础的信任（characteristic-based trust）和以制度为基础的信任（institutional-based trust）三类（Zucker，1986）。罗素等（1998）则将信任划分为威慑型信任（Deterrence-based trust）、计算型信任（Calculus-based trust）、关系型信任（relational trust）、制度型信任（institutional-based trust）四个维度。虽然目前研究者们对信任维度的划分各执一词，但徐碧祥（2007）认为，所有的维度最终都可以归结为认知和情感两大维度。认知维度中包括计算型信任、知识型信任、感知可信度、威慑型信任、计算型信任和制度型信任等，而情感维度则包括认同型信任、善意和关系型信任。

第二节 电子商务初始信任

一、电子商务初始信任的内涵及结构

（一）电子商务初始信任的定义

由于各学科对信任的定义存在着差异，以信任的定义为基础的电子商务信任的定义也存在着一定的差异。例如，麦克奈特（2002）等认为，电子商务信任是个体对信任目标在多大程度上表现出善意、能力、诚实和可预测行为的信心。科里托雷和克兰彻（Corritore & Kraccher，2003）认为，电子商务信任是一种态度，是消费者对自身处于一个在线环境中，其脆弱性不被攻击且充满信心的期望。而克米卡和林开（Komiak & Benbasat，2004）同时考虑了交易环境和交易关系，认为电子商务信任可以定义为消费者对不同客体的认知信任和情感信任。总而言之，目前对于电子商务信任的理解没有达成共识。菲夫（Gefen，2003）则认为，虽然信任的概念没有达成共识，但是从研究学科和研究目的出发对电子商务信任进行界定是切实可行的方法。因此，本书从心理学及社会学的角度出发，根据前面讨论的各学科中信任定义的、共识的内容对电子商务信任内涵进行归纳：首先，电子商务信任包括信任方（trustor）以及被信任方（trustee）。其中，电子商务信任的信任方为进行网络购物的消费者。电子商务信任的被信任方尚未统一，目前的各类定义涉及网络卖方、网络技术、交易形式以及电子商务总体环境等（Kaluscha，2003）。其次，正如各学科之间的基础共识认为，信任的本质与"承担风险的意愿"一样（罗素，1998），电子商务领域的研究者们同样认为，电子商务信任的本质为"承担风险的意愿"。最后，根据迈耶（1995）提出的信任是基于"可信度"的概念，以及菲夫（2002）提出的使用正直、善意、能力测量电子商务被信任方可信度的观点，电子商务信任的产生同样是由被信任方的正直、善意能力决定的。

因此，本书将电子商务信任的内涵界定为：在电子商务情景下，消费者基于对另一方能力、正直、善意的感知，将自己置于因对方行为而易受攻击状态下的意愿。

美国学者列维奇（1998）将电子商务中信任分为初始信任与持续信任两个阶段。罗素（1998）则将信任分为初始信任、持续信任和信任消退三个阶段。后续研究者们基本认同这样的划分方式。在这三个阶段中，初始信任受到研究者们相当的重视，特别是广告以及信息说服领域的研究者们。因为在这一阶段，消费者完全不了解商家，仅能依靠网站展示出的信息做出购买决策，消费者因而感知的风险与不确定性非常突出。只有在初始信任阶段增强了消费者对商品及服务的信心，才能吸引潜在消费者进行购买（Mcknight & Chervany，2001）。寇法里斯和汉普顿索萨（Koufaris & Hampton-Sosa，2004）指出，初始信任指消费者初次接触网络销售商后对其产生的信任。麦克奈特（2004）则认为，初始信任在消费者第一次接触特定网站前就已经产生了，他将初始信任的形成阶段细分为消费者尚未接触该网站之前的引导阶段，以及消费者第一次与网站互动并获得信息的探索阶段。麦克奈特类似于社会学家们将信任进行分层的分类逻辑十分具有意义。因为现实情况中，消费者在未接触特定网站之前的信任和接触特定网站之后的信任是两个不同的概念。本书认同麦克奈特提出的观点，将初始信任定义为消费者在某购物网站首次购买前，消费者基于对另一方能力、正直、善意的感知，将自己置于因对方行为而易受攻击状态下的意愿。

（二）电子商务初始信任与传统线下交易中消费者信任的区别

电子商务的出现是互联网技术发展的重要成果之一。买卖双方的交易随着网络技术作为媒介，既消除了时间对交易的限制，也消除了空间对交易的限制。然而，网络技术也同时增加了不可见性、匿名性、交易时空分离性等隐性风险（黄永哲，2005）。这就意味着，消费者的电子商务初始信任与传统交易下的消费者信任存在一定的差异。

虽然电子商务初始信任与线下交易的信任所期望达到的目的都是相信产生成功交易的概率会大于交易风险的概率从而进行下一步交易（郑也夫，2001），但两者的判断方式各不相同。传统交易信任的判断过程大多依据地域性、熟悉程度、从前交往的经验等基础。因为传统交易范围小（面对面），交易对象也单纯。而电子商务初始信任的判断过程求助于系统性的外在保障机制，用以辨识风险程度与确认可信度。因为网络所建构的虚拟世界已经跨越了实际地理范围的限制，以往的判断标准已显得不再适用，加之许多新技术、新知识的专门分化也使消费者无法掌握所有信息（Varadarajan & Yadav，2002）。此外，在传统的线下交易信任中，消费者基于性质单纯的社会结构，只需了解商品正确性、新鲜度以及价格合理性等信息即可（郑也夫，2001）。随着技术的发展和生活范围日渐扩大，社会结构与成员日益复杂，消费者不可能像过去一样认识或是掌握所有的条件而做出判别。他们必须对陌生的人、店家、企业等做出是否值得信任的判断才有进一步行动的勇气。在这种背景下，电子商务初始信任的产生就必须仰仗其他的条件，例如专门的技术指导者、专家学者的意见、政府的担保以及法律条文的保障等系统性的外在力量。

（三）电子商务初始信任维度

基于前面梳理的电子商务初始信任定义，消费者所感知的"另一方"的可信度究竟是"哪一方"，困扰着许多电子商务领域的研究者。根据罗素（1998）对信任概念的梳理，各学科信任概念中"被信任方"，从心理学角度出发是个人，从社会学出发是系统或制度，从经济及管理学角度出发是团体或企业。总之，信任概念中的"被信任方"是多层次、多维度的。

在电子商务研究中，耶尔文佩（Jarvenpaa，1999）有关电子商务信任的经典研究认为，电子商务信任中被信任的"另一方"特指某个具体的网络卖家。耶尔文佩（1999）的研究从心理学人际关系的角度出发定义了电子商务信任的"被信任方"，该研究成果在电子商务信任研究早期极具代表性。因此，耶尔文佩的观点至今影响着部分国内外的研究者们，例如陈传红（2012）、奥利维拉等（Oliveira et al.，2017）、田博（2018）等。这部分研究者们均认为，电子商务信任中被信任者指某一个特定的电子商务网站，或者其背后的卖家。然而，信息学领域的学者们认为，耶尔文佩的定义过于局限于传统人际信任概念，电子商务作为不同于传统商务的形态，其被信任的对象不应该只是网络卖家。例如，李和特伯恩（2001）指出，电子商务中被信任的主体应该是网络购物媒介。庞等（Pang et al.，2015）基于他们的观点，进一步提出了电子商务信任中被信任的主体还包括网络技术、物流水平等。除了对媒介技术的关注之外，有研究者基于社会学宏观信任的角度，提出电子商务总体环境同样属于被信任对象的观点（王守中，2008）。

由于不同领域的学者从不同角度构建电子商务初始信任的结构，部分研究者例如科里托雷（2003）与卡鲁斯查（2003）等认为，在线上环境中存在着多种信任与被信任的关系，例如，电子商务中消费者的信任可以存在于消费者与整个购物环境间、消费者与具体网站间、消费者与网络技术以及消费者与网络卖家间等。这类研究中，麦克奈特（2002）综合各学科定义构建的多维度初始信任模型是目前最常被引用的模型之一（Gefen & Strraub，2004；Lowry et al.，2008；Bart et al.，2005；Adomavicius & Tuuzhilin 2013；Lee et al.，2018）。在该模型中，消费者的信任意图受到个人信任倾向（心理学概念）、制度信任（社会学及信息学概念）、信任信念（心理学概念）三个维度影响（McKnight et al.，2002）。其中，个人信任倾向是从个体心理学维度来描述一个人在各种情况下表现出愿意依赖他人的倾向；制度信任是从宏观（中观）的层面描述消费者对电子商务环境中的组织、技术、法律规则的总体可信度的感知；信任信念也是从微观层面表示消费者所感知的特定网络卖家的可信度。总的来说，以上三个维度结构是总体与个体的结合，是普遍与特别的结合，基本囊括了心理学、社会学、管理学中信任定义的内涵和外延。因此，本书对电子商务初始信任的研究也将从麦克奈特的三维度结构出发。

1. 消费者个人信任倾向

根据麦克奈特等（1998）提出的定义，个体的信任倾向是指一个人在各种情况下表现出愿意依赖他人的倾向程度。它是一种普遍的而不是特定情况的倾向，表现出对人性的信念，并对他人采取信任态度。个体的信任信念分为对人性的信心和信任立场。其中，对人性的信心指对他人的一种潜在假设，而信任立场更像是一种个人策略。罗森博格（Rosenberg，1957）和赖茨曼（Wrightsman，1991）

认为，对人性的信心意味着假设其他人通常是有能力的、仁慈的、诚实的、道德的和可预测的。正如迈耶等（1995）在其研究中所举的例子，你在溺水时会相信有人来帮助你吗？如果你相信一定会有人来帮助你，那么你对人性是有很高的信心的。麦克奈特等（2002）认为，这类对人性具有很高信心的人同样相信网络供应商是值得信赖的。这类对人性具有高信心的人往往不轻易去批判他人，且更能容忍他人的错误。

信任的立场意味着，不管一个人对人的本质有什么看法，他都会认为与人打交道会产生更好的结果，就好像他们是善意和可靠的（麦克奈特和切瓦尼，2001）。因此，信任的立场更像一种"决定信任他人"的个人选择或策略。因为它涉及的选择可能是基于对风险投资成功概率的主观计算，所以信任立场源自计算性的、基于经济学的信任研究流（Riker，1971）。由于信任的立场和对人性的信心共同构成了个体的信任倾向，它们在一定程度上是相似的。不同之处在于"对人性的信心"是关于他人属性的一种假设，它更倾向于信任倾向的前因。而信任的立场更多地与信任意图相关，因为它是一种与信任他人有关的策略（McKnight et al.，1998）。与电子商务相关的研究中，卡茨和赖斯（2002）的研究发现，在普遍情况下更信任他人的人也更信任互联网。而陈等（2015）的研究则发现，低的信任倾向让人们更不愿意去尝试新鲜事物。

2. 电子商务制度信任

电子商务制度信任被认为由互联网的结构保证（structural assurance）和情景常态（situational normality）两个子维度构成。结构保证指个体认为确保电子商务购物环境安全且值得信任的保护性结构已经有效到位，这些结构包括相关的保证、合同、条例、承诺、法律、程序等（Zucker，1986；Shapiro，1987）。例如，麦克奈特等（2002）的研究发现，在一定程度上认为电子商务具有结构保证的互联网用户相信目前的法律和互联网几乎能够保护他们不受隐私泄露和信用卡欺诈的困扰。情景常态则表示，消费者认为电子商务的常规情景是正常的、有序的，或者有利于成功进行电子商务交易的。情景常态中的"情境"（电子商务中）反映了加芬克尔（Garfinkel）关于信任是一种感知的观点，即感知到特定情境中的事物是正常的、适当的、习惯的、合适的（Garfinkel，1963；Lewis & Weigert，

1985；Baier，1986）。

根据麦克奈特（2002）的电子商务初始信任结构模型，消费者心目中电子商务的制度信任水平对电子商务信任具有重要作用。它是消费者对电子商务环境的整体感知和认识，会直接影响另一个层次的电子商务信任，即电子商务具体卖家的可信度（信任信念）。研究者们认为，个人的年龄、学历、社会经验以及知识背景均会影响消费者对电子商务制度信任的感知（熊焰，2007）。例如，电子商务制度信任受到个人信任倾向以及是否具有计算机背景的影响（McKnight，2001）。除了个人因素以外，王守中（2008）认为，商业运行环境和社会环境也对电子商务制度信任具有影响。与电子商务发展相关的制度、法律等因素对于电子商务环境信任的形成也会有很大影响，相对比较健全的法律对于消费者有保护作用，容易产生消费者环境信任（Hemphill，2002）。

3. 电子商务信任信念

电子商务信任信念是指消费者心目中电子商务具体卖家可信度，即消费者对特定的电子商务卖家正直、能力和善意等方面值得依赖性的感知（McKnight et al.，2002）。该概念是根据迈耶（1995）提出的"可信度"定义以及菲夫（2000）提出的测量信任的维度成果所得出。研究者们普遍认为，电子商务中初始信任的信任信念（trusting beliefs）由四个子维度构成，分别是信任信念能力（trusting beliefs – competence）、信任信念善意（trusting belief – benevolence）、信任信念正直（trusting belief – integrity）、信任信念可预测性（trusting belief – predictability）。信任信念能力指一方（信任方）认为另一方（被信任方）由能力或者力量做信任方需要被信任方所做的事（McKnight，2001；Gefen，2000）。在互联网情景下，信任信念能力指消费者认为电子商务供应商拥有提供适当、便捷的服务和商品的能力。信任信念善意指一方（被信任方）关心着另一方（信任方），并有动机为了信任方的利益行事。在电子商务中，被认为善意的供应商不会像机会主义者那样去占信任方（消费者）的便宜。值得一提的是，信任信念善意反映的是信任方和被信任方之间的特定关系，而不是信任方对所有人的善意（McKnight et al.，2002）。信任信念正直指一方（信任方）相信另一方（被信任方）行为合乎道德且履行了承诺（廖以臣和刘意，2009）。信任信念正直反映出消费者认为电子商务供应商将履行其承诺和道德义务的信念，例如交付商品或服务或保护私人信息的安全。信任信念可预测性指一方（信任方）相信另一方（被信任方）的行为是一致的，是可以在预定情况下进行预测的。信任信念可预测性高的消费者相信他们可以预测电子商务供应商在特定情况下的未来行为。例如，消费者相信在下单后的 7 日内，供应商会将产品邮寄出。

4. 电子商务初始信任三种维度研究评述

回顾有关电子商务初始信任的研究，虽然信任具有微观、宏观多种维度基本已经得到研究者们的共识（Grosso et al.，2020），但在目前的电子商务初始信任研究中，消费者对具体卖家可信度感知（信任信念）的研究居于主流地位。研究者们验证了许多可能对消费者心目中具体卖家可信度感知产生影响的因素。例如，有学者研究了网站信息内容（Egger，2001）；有学者研究了卖家声誉（Pavlou，2003）；有学者研究了图形设计（Ye & Emurian，2005）；有学者研究了导航（Bart，2005）；有学者研究了错误出现率以及网站的规模（邵兵家，2006）；有学者研究了担保信息（Teo & Liu，2007）；有学者研究了名誉排名（Sang et al.，2007）；有学者研究了操作容易程度（Kim & Gupta，2009）；有学者研究了电子商务企业的财务能力（Chellappa & Pavlou，2014）；有学者研究了感知有用性（Kucukusta et al.，2015）；有学者研究了购物网站的互动性（Oliveira et al.，2017）；还有学者研究了网站中的退货政策（Oghazi et al.，2018）。相比之下，从宏观维度出发研究电子商务初始信任中制度信任的学者较少，仅有的研究也以中国学者居多。其中，王守中（2007）分析了网络技术环境、商业运行环境、法律环境以及社会环境等对电子商务总体可信度的影响。

严中华与米加宁（2005）提出，现有研究侧重于具体卖家可信度维度的一个原因在于人们习惯用传统商务中占主导的人际关系信任来解释电子商务这一新兴交易方式；另一个原因可能在于西方学者的研究在电子商务信任领域占据着主导地位。而西方的研究中，学者们大多假设消费者已经克服了对电子商务环境的信任进入电子商务系统。因此，大部分研究聚焦于影响具体卖家可信度的因素（Kim & Tadusuna，2005）。然而，有学者认为，中国的电子商务尚不能允许研究者们作出消费者已经克服对电子商务环境的信任问题的假设（Li & Yeh，2010）。

近 10 年来，中国的信用危机使消费者对企业缺乏信任，尤其在电子商务这种信息不对称的虚拟环境中（唐任伍，2002；岳红记和刘咏芳，2002）。此外，中国的电子商务除了要应对其他发达国家共同面临的难题，还必须面对许多特有的问题，例如不少曾经在网络上购物或购买服务的消费者因为受到欺诈而不再相信网络服务；网络基础设施在全国范围内发展不平衡；法律保障体系不健全；缺乏有效的信用评估制度，信用体系不完善，信用工具欠缺；市场监督体系不完善，假冒伪劣商品屡禁不止，市场鱼龙混杂、良莠不齐；支付、物流等配套的商业运行环境跟不上等。

（四）电子商务初始信任的重要性

在电子商务中，消费者和商家之间的收益和成本平衡问题可以通过霍曼斯（Homans，1974）的社会交换理论得到解释（熊焰，2007）。在电子商务交换过程中，如果交易双方都能感觉到可以从交易中获得好处，那么交易就会进行下去，否则，交易的一方将会放弃这种交易关系，而与其他交易者建立交易关系（Neves & Caetano，2006）。对于网络销售商而言，获得一个消费者的成本远高于维护一个消费者的成本，此外，实际购买的消费者数量远低于浏览网站的消费者数量。因此，网络销售商非常愿意与消费者维持良好的交易关系（熊焰，2006）。对于初次在该网站购物的消费者而言，他们同样希望选择的网络供应商是值得信赖的，因为这样可以减少再次进行信息搜索的成本（熊焰，2007）。由于研究者们认为，在电子商务的交易背景下，信任成为完成社会交换的重要基础，信任的缺失被指出是阻碍人们在网上购物的主要原因（Ye & Emuria，2005；Liu et al.，2005；Koh et al.，2012）。这与电子商务赖以生存的互联网本身存在着虚拟性和匿名性有关，消费者无法从电子商务网站上的说明来确定商家的身份。此外，电子商务中的交易存在时空分离性，消费者在和卖家达成交易时，并不能马上拿到商品，这就增加了不确定因素的出现，以及卖方机会行为出现的可能（黄永哲，2005）。然而张凯冰与李晓燕（2009）提出，我国的电子商务一直存在着比较严重的信任问题。张仙锋（2007）之前也提出了例如网络病毒、网络犯罪、网络信息真实性存疑、商家信誉难以确保以及防范不诚信行为的措施缺失等问题。可以说，对我国电子商务的发展而言，信任的影响尤为重要。同时，由于我国电子商务体量很大，在B2C模式的交易过程中，消费者将面临众多提供同一系列甚至是完全相同商品和服务的商家。就实际情况来看，消费者和特定商家进行重复交易的概率很低。由于电子商务中交易的不具重复性，通过重复博弈对商家的诚信水平进行约束，从而使消费者和商家之间产生信任就不太可能（曾小春和王曼，2007）。初始信任成为电子商务网站顺利发展的重要因素（朱家川，2015；Lewicki et al., 1998）。

研究者们认为，信任对电子商务中的说服机制会产生积极正向的影响。其中，消费者信任影响电子商务说服机制的理论基础可以分为以下四类：（1）信任通过减少电子商务复杂性影响消费者购买意愿（廖以臣和刘意，2009）；（2）信任作为一种信念影响行为态度，从而影响消费者购买意愿（Teo & Liu，2007）；（3）信任会降低感知风险，从而影响消费者的购买意愿（Pavlou，2001）；（4）信任会扩大社会判断理论中"接收"的维度，从而影响消费者购买意愿（Park et al., 2007）。有研究指出，我国电子商务中的网络病毒、网络犯罪、网络信息真实性存疑以及商家信誉难以确保等问题，增加了电子商务中交易的复杂性（张凯冰和李晓燕，2009；姚春光，2015）。肖冰与陈潮填（2015）认为，电子商务的复杂性体现在宏观、中观、微观三个层面。从宏观层面来看，电子商务具有动态性、开放性、不完备性、多样性、不确定性的特点；从电子商务集群的中观层面来看，集群网络组织具有混沌性、多样性、自组织性、不连续性、聚集性等特点；从参与个体的微观层面来看，电子商务又具有动态性、多样性、信息不对称性、不确定性、非线性不可分离性等特征（肖冰和陈潮填，2015）。电子商务学领域的研究者们尝试通过社会学中"信任系统"会减少社会复杂性的理论解释信任如何增强电子商务的说服力（廖以臣和刘意，2009）。该理论由德国社会学家卢曼等（Luhmann et al., 1979）提出，他认为，可以通过建立"信任系统"来化解复杂性并简化社会生活。具体而言，信任提供了一个在特定情况下通过减少需要考虑的选项数量来减少复杂性的方法（Luhmann et al., 1979；Coser & Barbe, 1983；Lewis & Weiger, 1985）。因此，廖以臣和刘意（2009）提出，初始信任可以通过降低交易的复杂性对电子商务中消费者的购买意愿产生影响。林陈沐（2009）的研究发现，如果在交易中引入一个可信任的第三方提升消费者的信任，电子商务平台交易系统的复杂性将被大大降低，消费者可以拥有一种更为简便的交易方式。姚春光（2015）则根据该理论基提出，当电子商务买方和卖方通过沟通和交易建立信任关系之后，消费者的行为特征将主要受到情感层面的影响，从而直接选择自己认定的选项。

第二类研究以理性行为理论（TRA）为基础，探讨信任作为一种信念，是如何通过影响消费者态度影响消费者购买意愿的（Meskaran et al.，2013；刘伟江等，2005）。理性行为理论由阿耶兹和菲什拜因（Ajzen & Fishbei, 1980）于1980年提出，该理论认为，个体的信念和评估会影响个体的行为态度，而个体的行为态度将进一步影响个体的购买意愿。理性行为理论中的个体信念和评估被定义为：个人认知某行为可能产生的结果，及其对这些结果的评价（Ajzen & Fishbei, 1980）。由于消费者对电子商务的信任属于消费者在认知电子商务购物或者分享个人信息等行为可能产生的结果后所产生的，有学者认为，消费者对电子商务的信任是信念和评估的一种，它会积极地作用于消费者的态度，从而影响消费者的购买意愿（Teo & Liu, 2007）。因此，学者们以理性行为理论为基础，验证了信任对消费者购买意愿的影响（Meskaran et al.，2013）。其中，影响较大的是麦克奈特（2002）的研究。该研究证实了消费者的初始信任决定了顾客听从商家建议的动机、共享个人信息的动机、从网站购物的动机（Mcknight & Chervany, 2002）。田博等（2008）的研究也发现，买方的信任会产生特定的行为，即信任方通过网络给卖方提供信誉卡和个人信息，进而在线购买商品。

此外，有部分研究者从感知风险的角度研究了消费者信任对电子商务的影响。"感知风险"的概念最先由哈佛大学的研究者鲍尔（Bauer, 1960）引入消费者行为学的研究中（熊焰，2007）。米歇尔（Mitchell, 1999）将感知风险定义为消费者"主观感受到的对损失的预期"。由于电子商务的购物环境的虚拟性及时空分离性，网络购物中消费者的感知风险一直是电子商务领域的研究热点（邵兵家等，2006）。耶尔文佩（Jarvenpaa et al.，2000）确认了经济、社会、功能、个人和隐私五种类型的电子商务感知风险。费瑟曼和帕甫洛（Featherman & Pavlou,

2003）在此基础上增加了第六个维度，即时间感知风险。井淼（2006）则通过访谈和问卷确定了经济、绩效、身体、时间、隐私、服务、社会以及心理八个维度的风险。研究者们进而发现，消费者对电子商务的信任会降低消费者的感知风险，从而提升购买态度（Jarvenpaa et al., 2000；Heijden et al., 2003）。例如，耶尔文佩（Jarvenpaa et al., 2000）发现，消费者在特定电子购物网中感知的商店大小以及商店信誉将正向影响消费者的信任，而消费者信任的提高将降低消费者的感知风险，消费者感知风险的降低又进而提升了购买态度。在此基础上，耶尔文佩等认为，消费者的信任在通过感知风险影响购买态度的同时，也会直接影响购买行为。然而海登（Heijden et al., 2003）的研究只证实了信任可以通过降低感知风险提升购买态度，并未证实信任对购买行为的直接影响。

也有学者通过社会判断理论分析信任对电子商务说服的影响（伍麟，2015）。社会判断理论认为，个体对于特定主题的态度是一个可以分为"接受""无立场""拒绝"三个维度的连续体（Park et al., 2007）。当信息处于可接受范围内时，个体的态度就容易被信息左右。三种维度的具体范围因个体和主题差异不同。当消费者对电子商务的卖家存在着信任感时，接受卖家提议或者商品的范围相对变宽，拒绝卖家的范围相对变窄，由此消费者的信任感影响消费者的购买意愿（付晓蓉和谢庆红，2010）。

（五）影响电子商务初始信任的因素

在有关电子商务信任的研究中，电子商务信任的前因性研究一直是国外学者们的关注点之一。这类研究旨在通过对影响电子商务信任形成的因素进行研究，发现促进电子商务信任形成的因素，从而为电子商务销售商获得消费者信任提供思路。在这类研究中，前因（antecedent）、维度（dimension）、决定因素（determinant）、原则（princeple）等概念均被学者们用于表达"影响电子商务信任的因素"。

耶尔文佩在1999年关于影响电子商务具体网站可信度的研究开创了这类研究的先河。耶尔文佩（1999）认为，电子商务卖家的声誉和规模会直接影响该网站的可信度。此后直至今日,大量中外学者开始关注电子商务的前因性研究(Gefen,2000;Egger,2001;Ye & Emurian,2005;Jin,2012;Oghazi et al.,2018;邵兵家等,2006;王守中与史本山,2007;等等)。从电子商务参与方的角度出发,被研究的影响因素可以归为四类:消费者因素、销售商因素、网站因素以及商品相关因素。

消费者因素有个人信任倾向(Rotter,1967)、年龄、性别以及收入情况等(Yoon et al.,2015)。销售商因素中,研究者们认为,公司特征、公司声誉会影响信任感知(Oliveira et al.,2017;Alon & Lia,2014),还有研究者则发现了是否有传统的实体店面会影响信任的感知(Benedicktus et al.,2010)。在网站因素中,图形设计、导航设计、操作容易程度、反馈机制、能力以及满意水平等均被认为是影响信任的重要因素(Chiu et al.,2012;Kim & Gupta,2009;Bart et al.,2005;Cyr 2008;Chen & Dhillon,2003;Ba,2002)。除以上几个维度的因素外,国家文化、商业运行环境、立法等宏观因素也被认为会影响电子商务中消费者的信任感知(Li & Yeh,2010;Hallikainen & Laukkanen,2018)。基于以上论述,本书的研究者将以往研究者们对电子商务信任的前因变量研究具有代表性的结果进行了整理,如表2-1所示。

表2-1　　　　　　　　　　电子商务信任前因变量

学者(时间)	信任的客体	前因变量
Jarvenpaa(1999)	具体卖家	卖家声誉、卖家规模
Gefen(2000)	具体网站	熟悉程度、个人信任倾向
Lee,Turban(2001)	卖家/网站/网络媒介	网络卖家的可信度、互联网的可信度、三方认证等基础结构因素、人口学因素等其他因素
Egger(2001)	卖家	线上交互之前的因素、网站的交互因素、网站的信息内容、关系管理
Shanker(2002)	网站/媒介	网站特点、用户特点、其他特点
Ba Sulin(2002)	具体网站	合理的反馈机制
Hemphill(2002)	环境	立法
Pavlou(2003)	网站/卖家	反馈、名誉
Chen & Dhillon	具体网站	网站善意、正直、能力

续表

学者（时间）	信任的客体	前因变量
Alon & Liat（2004）	具体网站	感知声誉、定制意愿、服务
Emurian（2005）	具体网站	图形设计、结构设计、内容设计、社会提示设计
Bart（2005）	具体网站	导航、显示、建议、指令完成、出现的错误
邵兵家（2006）	具体网站	网站隐私保护、规模、知名度
Teo, Liu（2007）	卖家	担保、名誉
Sang et al，（2007）	具体网站	名誉排名系统
王守中（2007）	总体	网络技术环境、商业运行环境、法律环境、社会文化环境
Cyr（2008）	具体网站	信息设计、导航设计、视觉设计
Kim（2009）	具体网站	操作容易程度、出现的错误
Benedicktus（2010）	具体网站	共识、实体店的存在、品牌熟悉程度、怀疑倾向
Jin（2012）	网购系统	网购系统感知有用性、网购系统感知易用性
Chiu（2012）	具体网站	满意水平
Pavlou（2014）	网站/卖家	感知私密性、感知安全、财务能力
Kucukusta（2015）	具体网站	网站感知有用性、网站感知易用性
Yoon, Occeña（2015）	具体网站	感知网站质量、第三方认证、个人信任倾向、年龄、性别
Oliveira（2017）	具体卖家	消费者特征、公司特征、网站基础、互动
Oghazi（2018）	具体卖家	退货政策
Hallikainen, Laukkanen（2018）	具体卖家	国家文化

以上四类影响电子商务初始信任的因素研究中，网站特征如何影响电子商务信任水平的成果尤其多。例如，有研究者发现，消费者常以网站的外表来决定其可信度（Karvonen，2000），并提出了电子商务网站的外观设计应配合其商务性质与诉求，例如强调有趣的图形、颜色和设计的特色或以简单实用为主（Rayport & Jaworski，2001）。也有研究者认为，一个拥有丰富信息的网站可以降低消费者对价格的敏感度并增加顾客对该网站的信任（Cyr，2008）。此外，消费者在体验使用电子商务网站界面后会被网站的商品或服务吸引，但为确保个人信息或交易安全，可能会寻找相关信息来增强自己与该网站互动的信心。

因此，安全政策主张（trust related arguments）以及第三方信任团体的认证标识（Luo，2002）的提供能够在网络购物环境中加强消费者信任感（Kim & Benbasat，2003）。

在表2-1中显示的电子商务信任的影响因素研究中，技术接受模型（the technology acceptance model，TAM）是最常被使用的理论模型。技术接受模型以理性行为理论为基础，该理论由阿耶兹和菲什拜因（Ajzen & Fishbei，1980）提出，主要观点为个人的信念（如信任）影响了个人的态度，并进一步对个人的行为造成影响。戴维斯等（Davis et al.，1989）在此基础上提出，网站的感知有用性及感知易用性将影响消费者的态度。TAM主要被用于解释信息的接受。由于电子商务网站被信息学的学者们认为是信息技术的一种形式，TAM常被用于解释电子商务信任为何受到某些因素的影响（Grandón & Nasco，2011；邵兵家等，2006）。例如，鲁耀斌（2005）、琴（Jin，2012）等学者基于TAM提出网站的感知有用性及感知易用性将影响电子商务信任的假设，并通过实证研究证实了该假设。此外，也有学者将影响网站信任水平的变量分为善意、正直、能力三维度（Chen & Dhillon，2003）。研究方法上，有的学者对影响电子商务信任的因素进行了定性讨论（Egger，2001；王守中和史本山，2007）。而大多数学者使用问卷调查（Jarvenpaa et al.，1999；Kucukusta et al.，2015）实验（Benedicktus et al.，2010；Ba，2002）等实证方法对影响因素进行验证。

（六）电子商务初始信任造成的结果变量

在目前的研究中，电子商务信任被证实对消费者的态度和行为意愿都会产生影响（Koufaris & Hampton - Sosa，2004；Teo & Liu，2007）。其中，以行为意愿作为因变量的研究居多，该概念最早出现在心理学领域，指个人从事特定行为的主观能动性。学者们认为，行为意愿有别于态度，是个人计划中的、付出努力的、有意识的行为动机，是一种特殊的心理状态（Eagly & Chaiken，1993）。根据理性行为理论（theory of reasoned action，TRA），行为意愿被认为是比感觉、信念、态度等更接近行为的因素，它可以预测一个人是否会产生某种行为

(Ajzen，2007)。大量的研究证明，如果能够正确地对个体的行为意愿进行测量，测量结果可以非常精确地预测个体的大部分社会行为 (Fishbein & Manfredo，1992)。由于行为意愿与行为之间的强联系，消费者的行为意愿成为电子商务信任研究领域的主要因变量。然而行为意愿之间存在着区别，以往学者所研究的行为意愿维度如表 2-2 所示。

表 2-2　　　　　　　　　消费者行为意愿的维度梳理

年份	学者	维度/题项
1993	Boulding et al.	再购意愿 向他人推荐
1996	Zeithaml et al.	溢价意愿 负面行为意愿
1999	Haemoon	再购意愿 推荐意愿
2000	Cronin et al.	再次购买该商品的可能性 向亲友推荐的可能性 如果回到过去，会做出同样的选择
2002	McKnight	遵从卖家建议的意愿 与网络卖家分享个人信息的意愿 从网站购买的意愿
2006	Festus et al.	购买意愿 推荐意愿 重购意愿
2009	乔均	重购倾向 推荐倾向 溢价购买

（七）电子商务信任的测量

在电子商务信任的实证研究中，管理学与心理学的研究者们分别使用了概率计算模型、问卷自我报告等多种方法对电子商务信任进行测量。

在管理学领域，西方学者贝丝等 (Beth et al.，1994) 提出了主观逻辑法，试图运用概率方法解决具体电子商务网站信任测量中的各种问题。中国学者田博与覃正（2008）基于D-S证据融合理论建立了推荐信任模型。该模型从消费者、商品、服务商及其网站和技术以及人文环境等方面多视角地分析B2C电子商务中的在线感知信任影响因素，由在线感知信任影响因素建立成熟消费者的个体信任评价指标。昌燕与张仕斌（2012）则尝试应用离散空间的最优搜索理论来获取评价信任情况的最优途径。此外还有研究者认为，可以基于模糊理论对电子商务信任进行测量（Surhone et al.，2010），并在此基础上提出WS-Trust模型（Ajaj & Fernandez，2010）。这种模型把模糊推理与信任传递相结合，全面地评估信任链上实体的信任度。张兴等（2010）提出了一种分析和判定可信计算平台信任链传递的方法，用形式化的方法证明了当符合非传递无干扰安全策略时，组件之间的信息流受到安全策略的限制，隔离了组件之间的干扰。陈珂等（2010）提出基于角色的信任覆盖网络生成、维护等算法，在此基础上给出信任链搜索方案。陈建均与张仕斌（2015）认为，上述的信任测量方法虽然在一定程度上体现了信任的不确定性与随机性，但均忽略了复杂网络环境中处理模糊性和随机性结合的情况，以及信任链对评价结果准确性的影响。于是他们引入云模型理论，该模型将信任信息按属性分离，并转换成云数字特征参数进行传递和融合，解决了信任链过长带来的信任信息传递和融合的不合理性问题。总的来说，在管理学研究领域，研究者们希望通过精确的数学工具运用云数据、中央数据以及分布数据量化信任。

心理学领域的学者基于信任本身是一个主观概念的出发点，通过开发量表与消费者自我报告的形式量化信任。其中，菲夫（2002）提出的测量可信度的三维度"能力、善意、正直"是目前引用量较高的模型（Gefen，2002；Chen & Dhillon，2003）。其中，"能力"反映消费者对于商家是否具有完成交易的技能的信心；"善意"反映消费者对于商家是否具有满足自己的利己主义动机的一种积极倾向的信心；"正直"反映消费者对于商家在交易中是否遵循了一定的道德规范和职业标准的信心。巴特切吉（Bhattacherjee，2002）认为，电子商务信任同样可以由菲夫提出的三个维度来进行测量，并且还给出了详细的量表。然而，心理学领域电子商务信任的测量存在一定概念混淆不清的状况，特别是信任意愿与可信度的混淆。例如，有的研究中虽然定义了被测量对象为消费者的信任意愿，问卷中却出现"在淘宝的拍卖中卖方是可以信任的"等测量可信度的条目。此外，菲夫（2002）所提出的能力、善意、正直三维度模型同样是测量可信度的，却在部分研究中被用于测量信任意愿，例如"淘宝的拍卖中卖方是诚实的""该网站有能力完成网上交易"。

根据先前有关电子商务信任定义的文献所述，测量电子商务信任同样可细分为测量具体电商网站可信度、电商环境可信度以及技术等感知可信度等维度。目前已有研究中，有部分研究者在提出多维度信任模型的同时，提出了各个维度的测量题项，例如麦克奈特等（2002）。也有部分研究者根据自身研究的信任定义参考过去的研究自行编写信任测量问卷（Bart et al., 2005; Sullivan & Kim, 2018）。

第三节 电子商务中的说服研究

一、精细加工可能性模型

精细加工可能性模型（ELM）由佩蒂和卡乔波于1981年提出。在此之前，说服领域还没有理论能够解释个体的态度是怎样发生改变的（Petty & Cacioppo, 1983）。当时，研究者们对态度和行为意愿关系的理解主要来自阿耶兹和菲什拜因（Ajzen & Fishbei, 1980）的"理性行为理论"。佩蒂和卡乔波（1983）通过建立一个说服框架，解释了信息变量如何通过影响认知活动的可能性使个体态度发生改变。此后，有学者将 ELM 评价为说服领域最有影响力、最有价值、最受欢迎的理论（Karson & Korgaonkar, 2001; Morries et al., 2005）。ELM 成为广告研究领域最常被引用的模型之一，从其提出到21世纪初期，已经有上百篇专门研究 ELM 的广告及营销类论文。研究者们认为，ELM 被研究者们追捧的原因可能在于：（1）ELM 具有良好的模型结构，能够简单清晰地阐述说服的过程；（2）ELM

具有良好的整合性和外部效度，能够整合多种变量及研究结果，并且适用于多种说服场景；（3）由于ELM在许多新研究中被引用，许多期刊的编辑和审稿人会要求研究者们在研究中引用ELM，因而使它成为营销学和广告学领域被引率最高的模型（Pasadeos et al.，2008）。由于ELM对个体态度说服过程进行了系统的说明，本书将对该模型进行详细的梳理。

  ELM为信息说服过程提供了一个适用于各种信息、信源、情景、接收者的框架（Petty & Cacioppo，1986）。ELM的基本原则是，个人的态度通过"中心路线"和"边缘路线"两条路径被说服。这两条路线正如一个连续体的两个极端点，而这个连续体则代表着个体为处理一则信息在认知上花费努力的可能性，也就是个体的"精细加工可能性"（Schumann et al.，2012）。个体的态度通过哪一条路线被说服取决于个体精细加工可能性的高低，而精细加工可能性的高低则取决于个体的加工动机及加工能力（Petty & Cacioppo，1983；Petty & Cacioppo，1986）。同时，个体的加工动机也受到一系列变量的影响，例如信息与个体的关联程度、信息处理需求程度（NFC）、信息的来源以及信息主张的立场是赞成还是反对（Petty & Cacioppo，1983）。除了个体加工动机及加工能力对精细加工可能性产生影响之外，干扰刺激、重复、复杂性、个人预期及以往经验均会影响个体的精细加工可能性。

  ELM的前提是，当个体的精细加工可能性高时，信息处理将通过中心路线进行。个体态度的形成或者态度的改变都是源自个体对信息本身的价值和说服性坚持不懈的努力（Haugtvedt & Petty，1989）。此时，个体更容易感受到高质量论据与低质量论据的差别，个体态度因论据质量的高低而改变（Petty & Cacioppo，1986）。当个体的精细加工可能性低时，个体并不愿意仔细评估信息中的信息价值、逻辑性、说服性。此时，个体态度的改变依赖于一些简单的边缘性的线索，例如信源可靠，代言人可喜程度等（Petty & Cacioppo，1983）。精细加工可能性模型如图2-1所示。总的来说，精细加工可能性模型解决了论据（中心线索）、信源、信息、接收者、渠道（边缘线索）等说服线索是否、何时、如何影响态度改变问题（Petty & Cacioppo，1986）。

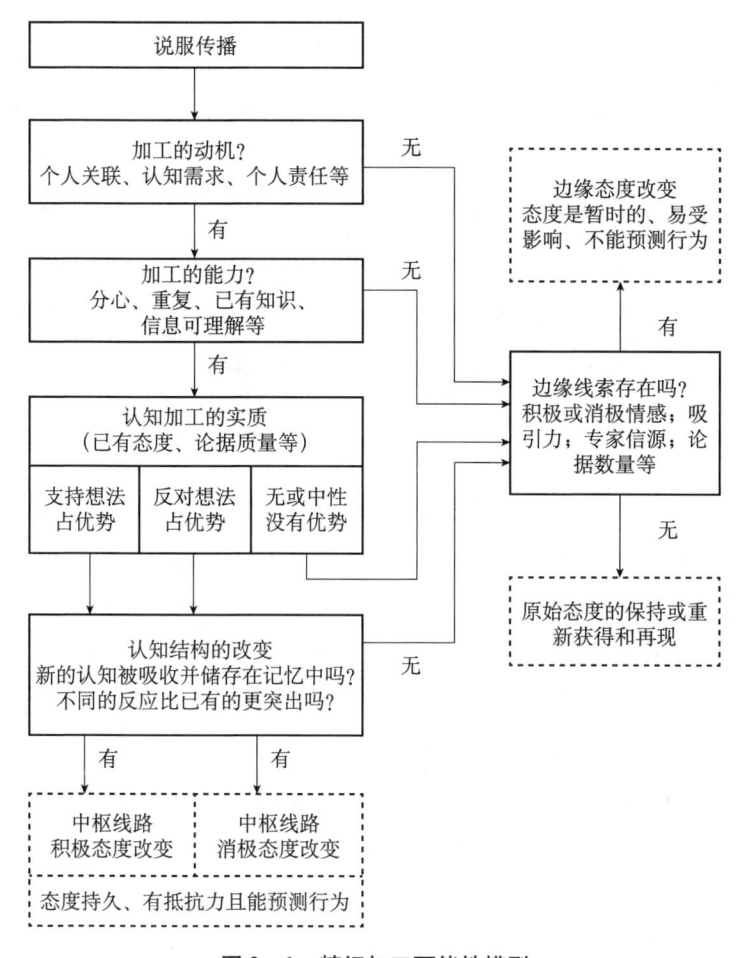

图 2-1 精细加工可能性模型

资料来源：Petty R E, Cacioppo J T. Attitudes and persuasion: Classic and contemporary approaches, 1981.

二、精细加工可能性模型存在的研究争论

在接近 40 年的历史中，精细加工可能性模型一直被称为消费者行为学领域以及营销传播研究中最具影响力的理论之一（Kitchen et al., 2014）。尽管其理论意义重大又很受欢迎，研究者们依旧陆续提出了该理论在实际应用中以及后续研究中的四个弱点：一是该模型的解释力问题；二是模型中精细加工可能性的连续性问题；三是信息处理的多个渠道问题；四是分析不同变量可能中介影响个体

精细加工可能性问题。

首先，精细加工可能性模型的优势在于它整合了多个个体变量以及与说服相关的背景变量来描述个体被说服的过程（Eagly and Chaiken，1993；O'Keefe，2002）。然而，正是因为如此，模型存在一定的解释力问题。因为它无法有效地模拟如此多变量在心理过程或解释说服过程的关系和条件，以及这些过程如何变化与如何预测不同的结果（Choi and Salmon，2003；Cook et al.，2010）。其次，精细加工可能性模型中的最为重要的概念"精细加工可能性"应该是一个连续的变量（Schumann et al.，2012；Kerr and Schultz，2010），但精细加工可能性模型的提出以及以精细加工可能性模型为理论基础的研究中，精细加工可能性只是被简单地分为"高""低"维度，或者"高""中""低"维度（Petty and Cacioppo，1984）。中心路线及边缘路线的说服效果是如何沿着精细加工可能性这一连续体变化的尚不能解释（Choi and Salmon，2003）。最后，精细加工可能性模型是一个态度改变的双过程模型（存在中心和边缘两条路线），然而大多数研究做出个体的态度改变仅通过其中一条路线的假设。虽然佩蒂（1997）指出，ELM并不排除信息的多渠道处理，且在某些情况下边缘线索可能占主导地位。然而该观点还少有研究以 ELM 为基础进行证实。

此外，研究者们认为，ELM 是在 20 世纪 80 年代的大众媒体营销传播时期提出的。如果如今的营销者依旧习惯使用 ELM 进行广告和营销规划，那么他们是通过 20 世纪 80 年代的眼光来看待如今的市场，ELM 是否能够适应新的传播技术。例如电子媒介的传播特征尚不得而知（Kitchen，2014）。虽然截至目前有许多研究者曾在互联网相关的研究中使用 ELM（Karson & Korgaonkar，2001；Hershberger，2003；Sinclaire，2010）。然而，部分研究虽然支持了 ELM 的预测，也有一些研究的结果让人不得不质疑 ELM 是否适用于当前的广告环境。例如，赫什伯格（Hershberger，2003）将传统的 ELM 复制到互联网中提出了 E－ELM 以研究在线广告内容转变或增强对消费者品牌及广告态度的影响。结果发现，卷入度并没有如 ELM 预料的那样在网络环境中起到调节作用。

三、ELM 在电子商务说服研究中的应用

在 21 世纪电子商务出现后，研究者们开始将 ELM 运用于消费者网络购物中

的说服过程（Chen & Lee，2008）。目前研究者们发现，当消费者精细加工可能性低时，电子商务网站中的边缘线索说服能力显著增强。例如，有学者研究了偏好匹配、推荐集大小以及排序提示等个性化策略（Tam & Ho，2005）。王全胜（2009）验证了第三方标记认证、第三方排名、第三方契约。包敦安与董大海（2009）分析了电子商务网站评论区的透明程度以及发帖者级别。朱丽叶（2017）同样研究了商品评论者等级。鲁耀斌（2005）与胡敏（2011）研究了卖家信誉度和商家声誉。黄卫来与潘晓波（2014）研究了信源可信度。还有的学者则根据电子商务的特点研究了在线互动及情景化图片等边缘线索（Skadberg & Kimmel，2004；Song et al.，2007；吕洪兵，2012；顾琳，2016）。范晓屏（2013）等学者则研究了网站的生动性。随着被研究者们关注的边缘线索越来越多，丁黎黎（2014）结合以往研究结论验证了边缘线索丰裕程度。以上说服线索的说服效果均随着消费者精细加工可能性的降低而增强。而当消费者精细加工可能性高时，论据质量等中心线索的说服效果得到增强。例如，信息质量（包敦安和董大海，2009；黄卫来和潘晓波，2014）、商品评论质量（Park & Kim，2008；Lin et al.，2011）、商品介绍（胡敏，2011）、商品质量（高春瑜，2012）等中心线索。此外，有学者使用ELM研究了消费者的信息技术接受情况，分析了论据质量与信源可信度对消费者感知有用性的影响（Bhattacherjee & Sanford，2006）。范晓屏（2013）发现，个体精细加工可能性低时，生动性对消费者的影响更大；而个体精细加工可能性高时，互动性对消费者的影响更大。黄静（2016）则发现，当精细加工可能性高时，时间限制促销这一类让消费者感知控制感增强的促销效果更好，精细加工可能性低时，数量限制促销这种启发式线索的促销效果更好。高春瑜采（2012）用事件相关定位（EPR）等技术，证实了电子商务情景下消费者中心、边缘两条改变态度的路径背后的神经机制存在区别，进一步从神经科学的角度证实了ELM模型在电子商务中的适用性。

上述以ELM为基础的电子商务说服研究偏向于聚焦电子商务网站中各类边缘线索与中心线索。相反，此类研究中代表"精细加工可能性"的变量较为统一，大多表现为"卷入度"（黄静等，2016；朱丽叶等，2017）以及"认知需求"（丁黎黎等，2014；Lin et al.，2011）。

第三章 理论模型

第一节 消费者信任倾向对购物网站中信息说服机制的影响

一、精细加工可能性模型中的精细加工可能性

根据第二章中对精细加工模型（ELM）的介绍，该模型中最为重要的结构被称为"精细加工可能性"。精细加工可能性，是指个体对一条信息内所包含的与议题相关的论据的思考程度（佩蒂与卡乔波，1986）。值得一提的是，有人将"精细加工可能性"误会为个体对某一条信息的加工程度。信息本身是包括信源等边缘线索和作为中心线索的论据的，"精细加工可能性"仅指个体对论据的思考程度。当个体的精细加工可能性高时，与信息本身说服性相关的中心说服线索更容易产生说服效果；当个体的精细加工可能性低时，除信息因素以外的边缘说服线索起到主要说服作用（佩蒂与卡乔波，1983）。

由于"精细加工可能性"影响个体进行信息加工的关键结构，能够影响个体精细加工可能性的因素引起了信息说服研究领域的学者们的关注。在目前的研究中，"卷入度"（朱丽叶等，2017；黄静等，2016）、"个人责任"（佩蒂与卡乔波，1986）、"认知需求"（谭和霍，2005；范晓屏等，2013）是被研究概率最高的三个因素。以上三个影响因素被统一理解为"个人关联性"，随着个人关联性的增加，人们更有动机去加工议题论据（Petty & Cacioppo，1986）。"个人关联性"被早期的社会心理学家们用"自我卷入"（Rhine & Severance，1970）"议题

卷入"（Kiesler et al., 1969）、"个人卷入"（Sherif, 1973）等概念表示。广告学领域的学者们将此类概念称为"卷入"，蔡奇科夫斯基（Zaichkowsky, 1985）将其定义为个人基于内在需求、价值观和兴趣而感知到的客体关联性。佩蒂与卡乔波（1986）在提出 ELM 时主张，"个体关联性"指拥有"内在重要性"（Sherif & Hovland, 1961）和"个人意义"（Sherif et al., 1973）。该观点与蔡奇科夫斯基（1985）提出的"卷入"概念吻合。因此，"卷入"是目前有关 ELM 的研究中，被提概率最高的且影响个人精细加工可能性的变量（朱丽叶等，2017；Lin et al., 2011）。卷入度的提升意味着提议对个体的重要性增加，人们形成正确的观点就变得很重要，如果观点不正确，引起的后果会更严重（Derek et al., 2006）。研究者们同样发现，当商品卷入度高时，广告信息中与商品相关的论据起说服作用；当商品卷入度低时，边缘线索起说服作用（Derek et al., 2006）。在以 ELM 为基础的电子商务研究中，卷入对个体精细加工可能性的影响同样受到重视。在许多研究模型中，卷入度直接代表精细加工可能性，是影响中心、边缘线索说服效果的调节变量（Mccall et al., 2003；Yang t al., 2010）。该观点也得到大量实证研究结果的证实（朱丽叶等，2017；Park & Kim, 2008）。

除了上述提到的被大量研究的可能决定个体精细加工可能性的变量外，研究者们在陆续发现了其他可能影响个体精细加工可能性的因素。例如，有学者研究了人格特征对个体精细加工可能性的影响（Chen & Lee, 2008）、自我效能的影响（Nel & Boshoff, 2017）、个人认知能力的影响（Lamarre, 2009）。可见，是否存在其他能够影响个体精细加工可能性的变量是值得进一步讨论的。

二、消费者信任倾向对精细加工可能性的影响

根据文献综述中麦克奈特（2002）对消费者个人信任倾向的定义，个人信任倾向指一个人在各种情况下表现出愿意依赖他人的倾向程度。可见，个人信任倾向是个体的特征之一，它表明了个体普遍情况下对人性的信念，以及对他人采取信任态度的可能性。考虑到已有研究已经证实人格特征、自我效能等消费者个体特征能够对个体的精细加工可能性产生影响并调节中心、边缘线索的说服效果

（Chen & Lee，2008；Nel & Boshoff，2017），本书认为，消费者的个人信任倾向同样能够对个体的精细加工可能性产生影响并调节中心、边缘线索的说服效果。在此思路下整理模型，如图 3-1 所示。

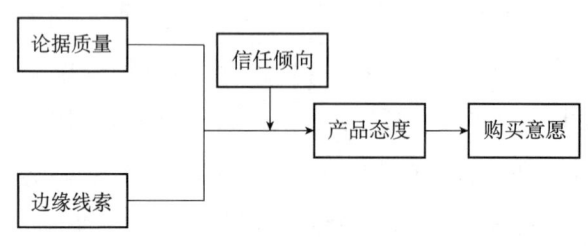

图 3-1　信任倾向对说服线索效果的影响

第二节　消费者制度信任对购物网站中信息说服机制的影响

一、带有偏见的精细加工可能性模型

佩蒂与卡乔波（1986）认为，除了公正的、数据驱动的、相对客观的精细加工模型之外，还存在着一种带有偏见的精细加工模型。在带有偏见的精细加工模型中，个人的最初态度和信念，已有的知识和预警等，会引起带偏见的信息加工倾向。带偏见的精细加工模型的理论基础源自特塞尔（Tesser，1978）提出的图式理论。图式理论认为，个人的最初态度会成为引导信息加工的重要图式，影响信息的加工。此外，柴肯（Chaiken，1980）提出的说服的启发式模型与帕拉卡等（Pallak et al.，1972）学者提出的社会判断理论均为带有偏见的精细加工模型提供了理论支持。说服的启发式模型指出，人们会运用过去生活中学到的各种原则来评价信息（Pallak et al.，1972）。在社会判断理论中，个体对于特定主题的态度是一个可以分为"接受""无立场""拒绝"三个维度的连续体（Park et al.，2007）。人们评价信息主要依据他们的主观立场，如果信息到达拒绝的界

限，信息就容易被拒绝；如果信息到达接受的界限，信息就会被同化并接受（Pallak et al.，1972）。而个体内心拒绝、无立场、接受的界限取决于个体最初的态度和信念（Park et al.，2007）。为了进一步证实带有偏见的精细加工可能性模型，佩蒂与布洛克（Petty & Brock，1979）曾经完成过一个嵌入虚构性评价的实验，他们设法让一些被试者相信自己是"心胸狭隘"的人；另一些被试者相信自己是"思想开明"的人，结果前者产生了更多的带有偏见的信息加工。

二、消费者制度信任所触发的带偏见精细加工

既然个人最初的态度和信念会影响个体的精细加工可能性，电子商务信任是否会对个体精细加工可能性造成影响便值得进一步的讨论。根据第二章的文献综述，电子商务信任可以分为个体对具体的卖家与网站可信度的感知，以及对电子商务总体可信度的感知。其中，个体对电子商务总体可信度的感知指个体对电子商务环境中的组织、技术、法律规则的整体可依赖程度的感知（田博和覃正，2008；Mcknight & Chervany，2001；Corritore et al.，2003）。也有研究者认为，消费者对电子商务总体可信度的感知出现在消费者接触特定的电子商务网站之前，是消费者通过以往生活经验所产生的一种感知（Teo & Liu，2007）。可以说，电子商务总体可信度是消费者在进行某一项具体的电子商务交易前，对电子商务的初始态度和信念。由于消费者过去在互联网上的购物经验以及消费者从其他渠道取得的有关电子商务环境的知识形成了消费者的"认知"，属于初始态度和信念。根据带有偏见的 ELM 模型，消费者对电子商务总体环境信任和卷入一样，将作用于个体对说服信息的加工动机，从而调节说服线索的说服效果，其机制如图 3-2 所示。

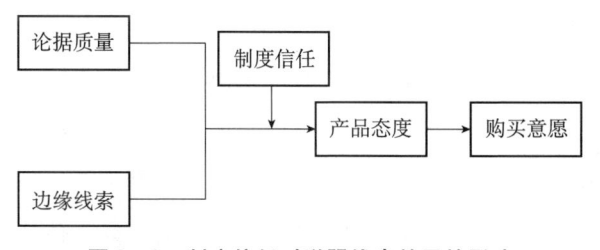

图 3-2　制度信任对说服线索效果的影响

第三节　消费者信任信念对购物网站中信息说服机制的影响

一、初始信任在电子商务中作用机制的理论基础

电子商务中信任影响购买意愿的理论基础为社会判断理论（Park，2007）以及理性行为理论（Ajzen & Fishbein，1980）和技术接受模型（Davis，1986）。

（一）社会判断理论

派克（Park，2007）提出的社会判断理论认为，个体对于特定主题的态度是一个可以分为"接受""无立场""拒绝"三个维度的连续体，信息在该连续体上所处的位置决定了个体受信息影响的结果。当信息处于可接受范围内时，个体的态度就容易被信息左右。三种维度范围的具体程度因个体和主题差异而不同。而消费者对电子商务的卖家存在着信任感时，接受卖家提议或者商品的范围相对变宽，拒绝卖家的范围相对变窄，由此消费者的信任感影响消费者的行为意愿（伍麟，2015）。

（二）理性行为理论

菲什拜因和阿耶兹（Fishbein & Ajzen）于1975年提出的理性行为理论认为，个体的信念和评估会影响行为态度，行为态度进一步影响行为意向。该理论经常被运用于解释个人的决策行为模式。如图 3-3 所示，TRA 主要是通过态度与行为意图来预测个的实际行为，菲什拜因和阿耶兹认为，个人的实际行为受其信念（belief）、行为的态度（attitude toward behavior）、主观规范（subjective norm）、行为意图（behavioral intention）的直接或间接影响。理性行为理论在解释能力以及理论简洁程度上都获得两大部分研究者的支持，电子商务信任领域的研究者们

也常采用该理论作为理论模型的基础（Guerrero et al.，2000；张仙锋，2006；杨青等，2011；陈岚，2012）。菲什拜因和阿耶兹将信念和评估定义为：个人认知某行为可能产生的结果及其对这些结果的评价（Fishbein & Ajzen，1975）。消费者对电子商务的信任被认为是信念和评估的一种，因此，它会积极地作用于消费者的态度，从而影响消费者的购买意愿（Thompsons，2007）。不难发现，理性行为理论的模型中影响行为态度的信念和评估分别与先前文献中提到的一般信任（信念）与在线信任（评估）相对应。

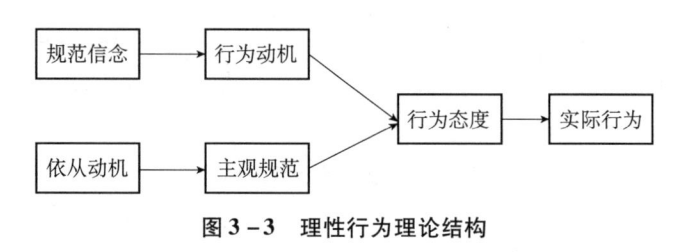

图3-3 理性行为理论结构

（三）技术接受理论

戴维斯（Davis，1989）在理性行为模型基础上，针对用户对信息系统接受提出了技术接受模型（technology acceptance model，TAM）。该模型的提出提供了使用者在接受网络信息时的一般化认知行为理论基础。如图3-4所示，技术接受模型（TAM）认为，网站的感知有用性及感知易用性将影响消费者的态度（Davis，1989）。其中，认知有用性（perceived usefulness）指个人认知到使用特定系统会增加其工作绩效的程度。认知易用性（perceived ease of use）则代表个人认知到使用特定系统的容易程度。TAM以理性行为理论（TRA）为出发点，认为个人认知到采用信息系统能增加其工作绩效的程度（认知有用性），以及该系统容易使用的程度（认知易用性）会影响对于使用该系统的态度，态度再进一步影响行为意图，最终影响实际行为。

由于具有模型精简、概念明确易懂且大量的实证支持等优点，目前已广泛应用于个人接收信息科技影响因素的研究上（Davis，1989）。电子商务信任研究领域的学者们进而用TAM模型为基础，证实与感知有用性及感知易用性的边缘线索会影响消费者的信任态度，例如，Cheskin的报告表明，网站的第三方标识、品牌、导航、展示会影响消费者信任的建立（Cheskin，1999）。艾缪良（Emurian）认为，改进网站的图形设计、结构设计、内容设计、社会提示设计将提升消费者对网站的信用水平（Emurian，2004）。研究者们同时发现，网站的用户友好界面、第三方认证标识（Shankar，2002）、第三方排名、第三方契约担保（王全胜，2009）、卖家信誉、网站易用性、网站有用性（鲁耀斌，2004）等边缘线索会影响消费者的在线信任。

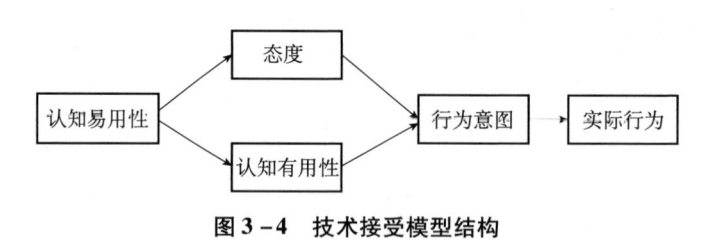

图 3-4　技术接受模型结构

二、说服线索与消费者信任的关系

基于上述派克（Park，2007）提出的社会判断理论、菲什拜因和阿耶兹（1975）提出的理性行为理论（TRA）、戴维斯（Davis，1989）提出的技术接受模型（TAM），在有关说服线索与消费者信任的研究中，学者们详细地研究了电子商务中可能会影响在线信任的边缘线索（Cheskin，1999；Emurian，2004；Shankar，2002；严中华，2008）。例如，有研究者认为，不同的信息来源这一边缘线索会通过影响信任改变态度和意愿（张晓雯、陈岩，2015）。目前为止，第三方标识、品牌、导航、图形设计、结构设计、内容设计、第三方排名、第三方契约担保、卖家信誉、网站易用性以及网站有用性等边缘线索均被证实会通过影响消费者的电子商务信任水平影响消费者的购买意愿。

然而根据麦克奈特（2002）对于电子商务初始信任的定义，消费者电子商务初始信任存在"个人信任倾向""制度信任""信任信念"三个维度。有关电子商务网站各类线索对消费者信任的研究成果中，大部分研究只提到"电子商务信任"的笼统概念。电子商务网站中的各类线索是否会对三个维度全部产生影响亟待进一步讨论。从以上"电子商务信任"的概念可知，以上研究大多单指对某特定电子商务网站的在线信任,即麦克奈特(2002)提到的信任信念。该结论符合研究者们对电子商务信任三个维度的定义及内涵解释,因为某一个网站的说服线索很难对个人信任倾向以及制度信任这样长期形成的或者宏观层面的概念产生立时影响。由此提出如图3-5所示的电子商务网站说服线索影响"信任信念"的结构关系。

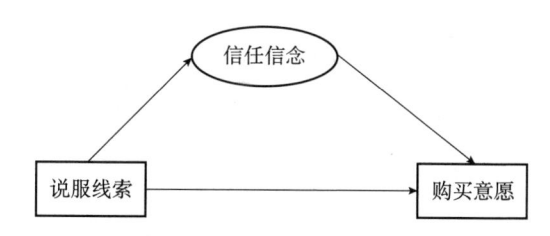

图3-5 信任信念在说服线索及购买意愿间的中介作用

第四节 理论模型的提出

根据上述文献及讨论,本书以佩蒂与卡乔波(1986)提出的带有偏见的精细加工可能性模型为基础,认为消费者所感知的电子商务总体可信度将对中心、边缘说服线索起调节作用。具体而言,当消费者认为电子商务总体可信度高时,个体的精细加工可能性高,消费者更愿意对论据信息进行加工。此时,论据质量(中心线索)的说服效果得到了加强。正如麦克奈特等(2002)指出的,消费者的信任信念越高,其听从商家信息的动机也就越强。而当消费者认为电子商务总体可信度低时,消费者因不相信其中心论据而产生信息加工的"惰性",对于信息的判断则更多依赖于简单直观的边缘线索(Petty & Cacioppo, 1983)。因此,电子商务总体可信度的降低反而增强了边缘线索的说服作用。

此外,在以往研究中,由于卷入度是影响个体精细加工可能性的一个重要变量(朱丽叶等,2017;Lin et al., 2011),本书的理论模型同时纳入"卷入度"的概念。根据以往的研究结果,当消费者卷入度高时,消费者更愿意加工中心论据信息,论据质量的说服效果得到增强。当消费者卷入度低时,论据质量的说服效果减弱，边缘线索的说服效果得到增强（Chen & Lee，2008；朱丽叶等，2017）。具体理论模型如图3-6所示。

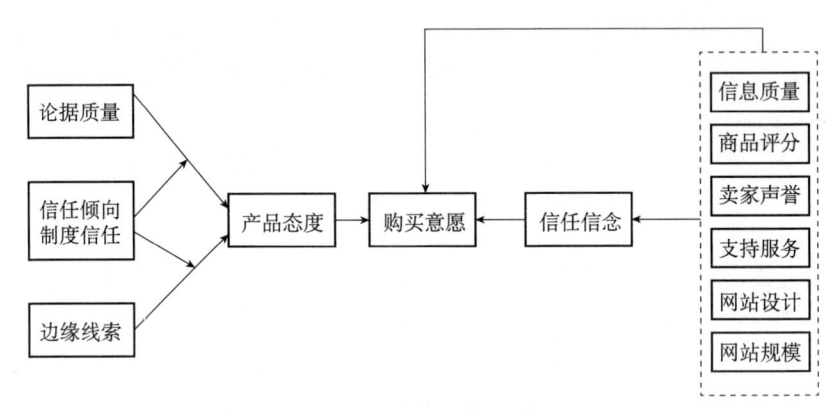

图3-6 理论模型

第四章 消费者信任倾向对电子商务信息说服机制的影响

第一节 研究假设及实验模型

本章主要讨论消费者信任倾向对电子商务中网站信息说服线索说服效果的影响。具体研究假设及实验模型如下。

一、研究假设

（一）论据质量对产品态度的影响

精细加工可能性模型（ELM）将个体态度被说服的过程分为中心路线与边缘路线，在中心路线下，个体购买意愿被论据本身的价值和说服性所改变（佩蒂和卡乔波，1986）。其中，论据指有助于个人确定提议立场真实价值的包含在传播中的信息（钟，2013），而论据质量则指论据本身的价值及其所引起的思想的效价（巴特拉和斯塔曼，1990；克拉克等，2013）。论据质量在一定程度上反映了信息的相关性、充分性、准确性和通用性（周涛，2012）。在中心路线下，个体对传播内容进行仔细推敲，有说服力且逻辑严密的信息会促使个体产生更偏向于传播内容观点的想法，进而个体的态度会产生相应的积极改变。因此，论据质量决定了信息令人信服的程度，积极作用于消费者的态度（佩蒂和卡乔波，1983）。在电子商务数以万计的网站中，各网站信息的质量差别很大，消费者对网站信息内容稍不满意就会离开网站（钟，2013）。塞特纳（2017）等学者指出，高质量的论据能够促使消费者产生更积极的态度。因为高质量的论据可以帮助消费者对商品形成客观全面的认知，从而积极影响消费者的商品态度、品牌态度（陈晓红和曾平，2016；张蓓和林家宝，2015）。据此，本书提出以下假设。

假设H1：电子商务网站中信息的论据质量越高，消费者对其销售产品的态度越积极。

（二）边缘线索对产品态度的影响

ELM中说服的边缘路径指个体不根据观点的利弊考虑问题，而是根据说服语境中各种积极或消极的简单线索对观点进行简单的判断（佩蒂和卡乔波，1983）。在边缘路径下，边缘线索对个体行为意愿进行说服和改变，这类线索指除了信息中本身的信息之外的刺激变量，例如信源可信度、重复等（佩蒂和卡乔波，1986）。朔尔滕（1996）认为，边缘说服线索会激发受众对广告的情感共鸣从而达到说服效果。在电子商务研究领域，排序提示（谭和霍，2005）、第三方标记认证（王全胜等，2009）、第三方排名（王全胜等，2009）、网站评论区的透明程度（包敦安和董大海，2009）、卖家信誉度（派克等，2007）、信源可信度（黄卫来和潘晓波，2014）、在线互动（吕洪兵，2012）、情景化图片（顾琳，2016）、网站的生动性（范晓屏等，2013）、边缘线索丰裕程度（订黎黎等，2014）、支持性服务（森菲泰利等，2008）等边缘线索均被证实能够提升消费者的购买意愿。据此，研究者认为，边缘线索对消费者其他行为意愿也存在积极影响，并提出以下假设。

假设H2：电子商务网站中的边缘线索对消费者产品态度有积极影响。

（三）消费者信任倾向的调节作用

卡乔波与佩蒂（1989）在论述精细加工可能性模型（ELM）时提出，虽然论据质量的提升能够使个体形成更积极的态度和行为意愿，但其对态度和行为意愿的影响程度受到个体精细加工可能性的影响。具体而言，当个体的精细加工可能性高时，个体倾向于对所接收到的信息进行详细加工，此时个体更能够辨别逻辑性强、说服力高的高质量论据与经不起推敲的低质量论据的区别，因此，高质量论据的说服效果将得到增强（佩蒂和卡乔波，1986）。相反，当消费者精细加工可能性低时，消费者并不会仔细分析中心论据，论据质量的高低对消费者来说并没有显著影响（佩蒂和卡乔波，1986）。因此，在精细加工可能性模型中，"精细加工可能性"是最为重要的构成部分。在以 ELM 为基础的研究中，研究者们已经发现卷入度（朱丽叶等，2017）、个人责任（佩蒂和卡乔波，1983）、认知需求（谭和霍，2005）、自我效能（尼尔和博肖夫，2017）等因素将会对个体的"精细加工可能性"产生影响。

然而，基钦斯和他的同事们（2014）一直认为，随着新媒体的出现，会有更多的可能会影响个体精细加工可能性的变量有待研究。例如，有研究者发现，诸如顾客开放性及情感稳定性等人格特征会调节网站内容对购买价值的影响（陈和李，2008）。在麦克奈特及其同事（2002）提出了电子商务初始信任模型中，有一个属于个体人格特征的概念称为"信任倾向"。信任倾向是指一个人在各种情况下表现出愿意依赖他人的倾向程度，它是一种普遍的，而不是特定情况的倾向，表现出对人性的信念，并对他人采取信任态度（麦克奈特等，1998）。麦克奈特用两个子结构来描述信任倾向：对人性的信念和信任立场。对人性的信仰意味着一个人认为其他人通常是正直的、善意的和可靠的。对人性有高度信心的人往往较少评判或批评他人，更能容忍他人的错误（麦克奈特等，1998）。信任的立场意味着，不管一个人对人的本质有什么看法，他都认为与人打交道会产生更好的结果，就好像他们是善意和可靠的（麦克奈特和切瓦尼，2001）。卡茨和赖斯（2002）的研究发现，在普遍情况下更信任他人的人也更信任互联网。而陈等（2015）的研究则发现，低的信任倾向让人们更不愿意去尝试新鲜事物。由此，我们可以假设低信任倾向的消费者有更强的动力（精细加工可能性）去评估网站信息中的论据质量。基于以上论述，本书进一步提出以下假设。

假设 H3：消费者的个人信任倾向能够负向调节论据质量对消费者产品态度的影响。

具体而言：

假设 H3a：当消费者的个人信任倾向低时，高质量论据导致的产品态度要显著积极于低质量论据。

假设 H3b：当消费者的个人信任倾向高时，高质量论据与低质量论据导致的产品态度并无显著区别。

另外，格拉齐亚诺和托宾（2002）发现，具有高倾向性信任的消费者倾向于更积极地接受第一眼看到的东西。我们可以假设，这些消费者可能更受边缘线索的影响，因为边缘线索总是引起直接的情绪反应。由此可提出以下假设。

假设 H4：消费者的个人信任倾向能够正向调节边缘线索对消费者产品态度的影响。

具体而言：

假设 H4a：当消费者的个人信任倾向低时，有无边缘线索所导致的产品态度并无显著区别。

假设 H4b：当消费者的个人信任倾向高时，有边缘线索导致的产品态度要显著积极于没有边缘线索。

（四）产品态度对购买意愿的影响

精细加工可能性模型是一个用于描述个体态度是如何改变的模型（佩蒂和卡乔波，1986）。在电子商务领域，研究者们使用该模型讨论消费者的态度是如何改变的（袁等，2018）。然而对于电子商务实践领域而言，只有当消费者的态度进一步成为行为意愿，才会对销售量、回购率等经济指标产生直观的影响。行为意愿最早出现在心理学领域，是指个人从事特定行为的主观能动性。学者们认为，行为意愿有别于态度，是个人计划中的、付出努力的以及有意识的行为动机，是一种特殊的心理状态（Eagly & Chaiken，1993）。根据理性行为理论（theory of reasoned action，TRA），行为意愿被认为是比感觉、信念、态度等更接近行为的因素，它可以预测一个人是否会产生某种行为（Ajzen，2007）。大量的研究证明，如果能够正确地对个体的行为意愿进行测量，测量结果可以非常精确地预测个体的大部分社会行为（Fishbein & Manfredo，1992）。基姆等（2008）与塞特纳等（2017）为此研究了积极的产品态度是否会导致消费者更高的购买意愿。由此，本书以 TRA 理论为基础，基于前人的研究提出以下假设。

假设 H5：在电子商务中，消费者的产品态度对其购买意愿有正向影响。

二、实验模型

根据上述假设,实验一的实验模型如图 4-1 所示。

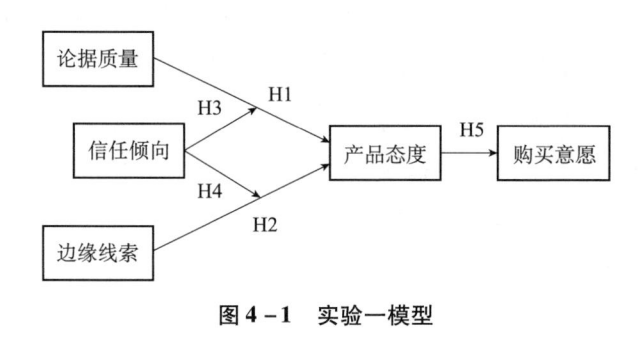

图 4-1　实验一模型

第二节　实验设计

本章的模型将通过一个 2(论据质量高 vs 低) ×2(图片吸引力高 vs 低) 的组间实验来验证。

一、实验产品选择

正式实验前,研究者先对实验商品进行选择。美国学者尼尔森(Nelson, 1974)从信息经济学的角度出发,将商品分为搜索型商品与体验型商品。其中,搜索型商品指商品属性在购买前就能被消费者较为容易获知的商品。例如手机、计算机等,消费者通过商家提供的如屏幕大小、分辨率、内存等指数便能清楚地掌握商品的属性。体验型商品是指商品属性在购买前比较难被消费者获知,只有当消费者购买并使用该商品后才能获知其属性优劣。例如食物、衣物、旅馆等,消费者只有在试用,或者试穿、试吃之后才能感知到食物是否可口、衣物是否合身、旅店是否舒适。目前,尼尔森(1974)提出的商品分类方式被大多数学者所接受（Bei et al., 2004；王君珺和闫强，2013）。电子商务领域的研究者们进一步研究发现，商品类型属于搜索型还是经验型对信息说服效果也会产生影响（Krishnan & Ulrich, 2001）。例如，有研究发现，当商品类型为体验型时，他人的推荐信息的说服效果更强（Bei et al., 2004）。由于在电子商务中，体验型商品的商品属性（如味道、柔软度和真实颜色）无法以互联网和计算机为媒介被消费者感知，信任可能会对消费者购买体验型商品的意向产生更显著的影响。因此，本章选取体验型商品进行实验。

选取实验商品的具体过程如下：（1）由6名广告与品牌专业博士研究生组成焦点小组。根据文献中搜索型及体验型商品的定义，即"商品的属性是由经验还是搜索确定"列出12种商品（6种搜索型商品；6种体验型商品）（Nelson, 1974；Bei et al., 2004）。（2）15名广告学、传播学、工商管理学等相关专业的硕士研究生根据搜索型商品及体验型商品的定义对10种商品所属类别进行判别，得到判别结果较为统一的且与焦点小组判别结果相一致的8种商品。（3）招募30名大学生，根据文献中测量商品类型的10点量表对六类商品进行打分（Bei et al., 2004），八类商品得分情况如表4-1所示。（4）根据得分情况，选择"床单"为实验所采用的体验型商品（糕点带有一定的性别属性，现实生活中女性喜爱糕点偏多）。在以往学者的研究中，电子商品等功能型商品是典型的搜索型商品（Bei et al., 2004）。例如，前期测试中得分最高的手机一类的产品，其屏幕大小、分辨率、内存等产品属性能够在购买前通过商家提供的信息轻易感知。为确保本实验选取的产品为体验型产品，对手机及床单的得分进行配对样本T检验，结果两组数据有显著差别（$t = 5.300$，$df = 29$，$p < 0.001$），证实前测对实验商品的分类有效。为避免商品品牌对实验被试者产生影响，实验采用虚拟品牌。

表4-1　　　　　　　　　　商品类型得分

商品名称	得分	标准差
手机	6.38	1.473
智能手环	6.27	1.308
台灯	6.16	1.393

续表

商品名称	得分	标准差
保温杯	5.68	0.997
红酒	5.67	1.455
服装	5.51	1.552
复合维生素片	5.16	1.431
浴巾	4.63	1.746
床单	4.38	1.070
糕点	4.02	1.558

二、实验刺激

本实验的实验刺激物为模拟电子商务网站中的论据质量及边缘线索，对实验刺激物的设计如下。

（一）论据质量

ELM 模型中的"说服论据"，是指使信息本身具有说服力的信息（Petty and Cacioppo, 1981）。在广告学领域，也有学者将其称为商品的内部线索，他们通常包括商品自身的价值、使用价值、质量特性等（冯建英等，2006）。具体来讲，耐用品的内部线索一般指质量、性能、可靠性等指标；食品类的内部线索则指口味、营养价值等（吴亮锦和糜仲春，2005）。然而，对于不同类别的商品，什么样的论据具有高质量及核心说服力，个体的看法是存在差异的（Snyder and Debono, 1985）。ELM 模型的提出者 Petty 和 Cacioppo 指出，大多数认为，有说服力的论据才是"高质量论据"（Petty & Cacioppo, 1981）。参考贝蒂和卡乔波（1986）的实验操作，获得床单高质量论据、低质量论据具体操作步骤如下。

（1）通过以下两个渠道收集并整理出大量支持购买某床单的论据：一是整理互联网上有关床单广告语中的论据。二是对两位广告与品牌专业的博士研究生进行访谈，尽可能地获取更多的中心论据，既包括直观的，也包括似是而非的。

本步骤获取的论据如表4-2所示。

表4-2　　　　　　　　　　用于前测的床单论据

序号	描述
1	温馨的色彩，几何元素，勾勒出真心实意，多种颜色可供选择
2	全棉加厚面料，表面磨毛工艺处理后只余细软绒毛，聚温力提升
3	以斜纹工艺将全棉织造出细腻柔软的触感，面料细腻柔滑舒适透气
4	均匀浓密的绒毛，柔软舒适，如撸猫般细腻柔软
5	加厚保暖，睡得更踏实
6	亲肤透气，全棉材质高弹多孔
7	顺滑拉链，美观大方，方便拆洗
8	包装包您满意
9	风格即生活，这不仅是一件床品，更表达一种面对生活的态度
10	好被套，敢水洗：任意水洗更加省心
11	活性印染工艺，绚丽色彩不易褪色，无刺激无异味
12	0荧光剂，安全舒睡，均匀不易褪色
13	令你心动的丝滑触感，39毫米的长绒棉经精梳紧密纺织至60S，经复杂工艺打造，手感如脂丝滑，柔糯细腻
14	星级酒店品质
15	正品保证，随意对比质量，买贵退差价
16	信封枕套，时尚美观
17	巨亏10000套，卖完为止
18	精美优质拉链设计，拉链拆洗方便

（2）参考甘莫（2006）测量论据质量的量表，邀请50名被试者根据李克特5点量表就所有论据的说服性进行打分。甘莫（2006）的论据质量量表如表4-3所示，实验论据的得分如表4-4所示。

表4-3　　　　　　　　　　论据质量量表

题项	描述
AQ1	请为本论据中的有用程度进行打分
AQ2	请为本论据中的价值进行打分
AQ3	请为本论据中的说服性进行打分

表 4-4　　复合维生素片论据质量操控

论据序号	得分	标准差
论据一	3.66	0.79
论据二	3.36	0.69
论据三	3.28	0.83
论据四	2.03	0.80
论据五	1.58	0.53
论据六	1.52	0.76
论据七	3.66	0.79
论据八	3.36	0.69
论据九	3.28	0.83
论据十	2.03	0.80
论据十一	1.58	0.53
论据十二	1.52	0.76

（3）选择得分前三的论据作为实验使用的高质量论据。分别为论据二：使用全棉加厚面料，磨毛工艺处理后表面只余超细软绒毛，有很强的聚温力。论据六：拥有国家 A 类（婴儿安全）标准证书，无致癌芬芳胺和甲醛，母婴级舒适体验。论据五：下单购买本款被套将获赠两个时尚美观的信封枕套，颜色任选。选择得分后三的论据作为实验使用的低质量论据。分别为论据十三：我们只选择优质全棉，我们从不偷工减料。论据十八：选用柔软清新的森林色调，例如漫步于森林"氧吧"，拥抱自然的每一天。论据十六：本店巨亏，此次被套亏本甩卖 1000 套，卖完为止，先到先得。所有高质量论据与低质量论据之间两两配对 T 检验均显著，证实实验对论据强度的操控有效。

（二）边缘线索

根据博尔彻（2002）的研究，图像是用于说服的一种关键线索。图像的功能是"吸引我们的注意力和情感诉求……以及作为说服者所提供的信息证据之一"（博尔彻，2002）。电子商务网站中的图片包含图像、照片、颜色、形状或字体等元素类型（加勒特，2003）。布兰科及其同事（2010）发现，使用产品图片和信息结合的网站在提高用户的召回率上比单纯文字网站表现更好。由此可见，网站的视觉设计是很重要的，因为它提高了网站的美感和美感情感诉求（里格尔斯伯格等，2003），这反过来又可能导致积极的态度（杜武夫等，2006）。结合精细加工可能性模型来看，电子商务网站中使用的图片里，图片本身的内容信息可看作中心线索，而图片的设计元素则可看作边缘线索。在图片设计相关的边缘线索中，本实验选取克雷及其同事（2018）不断强调的"图片吸引力"作为边缘线索。具体而言，我们采用了克雷及其同事（2009）研究中"图片吸引力"的定义，即网站上的图像被感知为适当、令人满意、有吸引力的程度。值得强调的是，本实验所选取的边缘线索并非电子商务网站中图片本身，因为电子商务中的图片既包含边缘线索，也包含中心线索。本实验所选取的为其图片的吸引力程度这一边缘线索。

实验根据阿里巴巴集团下淘宝网站中销售床单的电子商务网站所使用的图片，根据研究者和设计师的主观认识选择了同一款床单的两组图片（图片吸引力高 vs 图片吸引力低）。为了进一步检测用于实验的图片在其吸引力上的差别，研究者招募了 80 名在校大学生，并将他们随机分为两组（每组 40 人）随机浏览一组图片并对图片的吸引力进行打分。图片吸引力的测量使用了克雷等（2018）研究中的 7 点量表，如表 4 – 5 所示。最终两组图片在吸引力上的得分如表 4 – 6 所示，独立样本 T 检验结果显著（t = 5.263，p < 0.001），表明两组图片在图片吸引力上具有显著区别。

表 4 – 5　　　　　　　　　　　图片吸引力量表

题项	描述
IA1	该电商网站使用的图片是合适的
IA2	该电商网站使用的图片是令人满意的
IA3	该电商网站使用的图片令人兴奋
IA4	该电商网站使用的图片很有趣
IA5	该电商网站使用的图片使网站内容看起来很吸引人
IA6	该电商网站使用的图片在情感上吸引了我
IA7	该电商网站使用的图片是单调的

表 4 – 6　　　　　　　　　　　图片吸引力得分

组别	得分	标准差
高吸引力组	4.94	0.819
低吸引力组	3.76	1.195

（三）实验刺激物制作

模仿中国最大 B2C 电子商务网站中销售床单的购物网站中的图文介绍模式，制作实验组 A 使用实验刺激图片，其文字采用前期实验获得的三条强论据，图片使用高吸引力图片。实验组 B 使用实验刺激图片，其文字采用前期实验获得的三条弱论据，图片使用高吸引力图片。实验组 C 使用实验刺激图片，其文字采用前期实验获得的三条强论据，图片使用低吸引力图片。实验组 C 使用实验刺激图片，其文字采用前期实验获得的三条弱论据，图片使用低吸引力图片。

三、实验流程

本实验为一个 2（论据质量高 vs 低）× 2（图片吸引力高 vs 低）的组间实验。实验的参与者为自愿参与的本科生。虽然大学生只是电子商务购物人群的一部分，但不少研究者认为，学生是一个能够替代线上消费者的有效样本，因为他们的研究证实网络消费群体的年龄趋于年轻化，受教育程度也高于传统消费者（McKnight et al.，2001；Dan，2008）。因此，本实验选取大学生作为实验被试者。共招募 140 名在校大学生，随机均分为 A、B、C、D 组（35 人一组）。实验开始时，被试者首先阅读一小段关于实验的文字介绍；其次浏览该组所对应的实验刺激图片；最后完成一份包含被试信任倾向、产品态度、购买意愿、论据质量以及图片吸引力的量表。实验持续时间约五分钟，所有被试者使用网络问卷链接完成实验。每位被试者在参与实验后获得一份小礼品。

四、实验量表

实验采取李克特五点量表，所有题项如表 4-7 所示。由于本章实验所借鉴的是国外研究者开发的量表，因此，在使用时进行了多次严格的正译和反译，并邀请了一位英文专业博士、一位管理学博士以及两位新闻传播学博士对问卷内容效度一级题项的表达方式进行反复推敲。从而尽可能保证翻译的严谨和准确，以及问卷题项与本章实验的高度吻合。

表 4-7　　　　　　　　　　实验量表

变量	题项	内容	来源
论据质量	AQ1	该电子商务网站中呈现的论据信息是有说服力的	Bhattacherjee and Sanford（2006）
	AQ2	该电子商务网站中呈现的论据信息是有用的	
	AQ3	该电子商务网站中呈现的论据信息是有价值的	
图片吸引力	IA1	该电商网站使用的图片是合适的	Cyr et al. （2018）
	IA2	该电商网站使用的图片是令人满意的	
	IA3	该电商网站使用的图片令人兴奋	
	IA4	该电商网站使用的图片很有趣	
	IA5	该电商网站使用的图片使网站内容看起来很吸引人	
信任倾向	TD1	人们真诚地关心他人遇到的困难	McKnight et al. （2002）
	TD2	大多数时候，人们尽力帮助别人，而不是只关心自己	
	TD3	我相信大多数专业人士都能很好地完成他们的工作	
	TD4	大多数人在与别人打交道时是诚实的	
	TD5	大多数专业人士在他们的专业领域都很称职	
产品态度	PA1	我认为该电商网站中销售的产品是不好的 vs 好的	Angst and Agarwal （2009）
	PA2	我认为该电商网站中销售的产品是重要的 vs 不重要的	
	PA3	我认为该电商网站中销售的产品是没用的 vs 有用的	New item
	PA4	我认为该电商网站中销售的产品是有价值的 vs 低价值的	New item
购买意愿	PI1	我倾向于购买该电子商务网站销售的产品	Kim and Han （2014） Koo et al. （2014）
	PI2	我可能会购买该电子商务网站销售的产品	
	PI3	我对于购买该电子商务网站销售的产品很感兴趣	

第三节 数据分析

一、数据收集

本章实验的数据收集依托于重庆工商大学文学与新闻学院的新媒体实验室。研究者首先通过线上海报征集有参与实验意愿的被试者;其次邀请被试者在统一时间来到新媒体实验室完成相关任务。被试者需要点开电脑中的相应链接,浏览实验图片(每组的图片各不相同)并完成相应的量表。研究者在确认被试者完成研究任务后,将发放价值10元人民币的文具套装给每位被试者。

二、样本特征

收集到实验数据后,删除以下样本:(1)未完成所有题项的作答;(2)连续10道题项作答1、5或者其他数字;(3)作答时间短于实验者记录的快速浏览完整问卷用时。删除无效数据后,本章的实验最终获得有效样本130份。实验收集的样本数据再次证实了大学生是活跃的电子商务消费者:接近70%的被试者在过去3个月内网购5次以上,超过97.7%的被试者拥有一年以上的网络购物经验。样本的人口特征分布如表4-8所示。

表4-8　　　　　　　　　　样本特征

性别	男	48(36.9%)
	女	82(63.1%)
年级	大一	45(34.6%)
	大二	38(29.2%)
	大三	19(14.5%)
	大四	28(21.5%)

续表

网络购物经验	少于1年	3（2.3%）
	1~2年	77（59.2%）
	2~5年	50（38.5%）
	大于5年	0（0%）
过去3个月的网络购物频率	少于5次	44（33.8%）
	5~10次	50（38.5%）
	10~20次	36（27.7%）
	大于20次	0（0%）

三、操控检验

对实验收集的数据进行操控检验发现，观看包含高质量论据的电商网站图片的被试者所填写的论据质量得分（$M_{High}=3.13$，$SD=0.69$）要显著高于观看包含低质量论据的电商网站图片被试者（$M_{Low}=2.29$，$SD=0.64$）。进一步进行独立样本 t 检验证实，两组被试者在论据质量量表中的得分具有显著的区别（$t=7.211$，$p<0.001$）。可见，实验对论据质量的操控是有效的。同样，对图片吸引的操控效果进行检验时发现，观看高吸引力图片的被试者在图片吸引力量表上的得分要显著高于观看低吸引力图片组的被试者，独立样本 t 检验显示两组得分有显著区别（$M_{High}=2.88$，$SD=0.80$；$M_{Low}=2.48$，$SD=0.74$；$t=3.004$，$p<0.005$）。可见，本实验对图片吸引力的操控是有效的。

四、信效度检验

本章实验所采用的问卷基本为国外问卷。为了尽可能保证翻译的严谨和准确性，多名管理学、传播学、广告学领域的博士研究生在正式实验前对问卷题项进行了多次正译和反译。然而，该问卷最终能否适用于我国的语言与文化背景，以及能否适用于我国电子商务环境，能够进一步进行实验的假设检验，还需要利用本研究所获得的数据对中文问卷的效度和信度进行验证。信度（reliability）即测量的可靠性（trust worthiness），是指测量结果的一致性或者稳定性（邱皓政，2013）。测量误差越大，测量的信度越低。因此，信度也可视为监测结果受测量误差影响的程度。效度（validity）即测量的正确性，是指测验或其他测量工具确实能够测得其所欲测量的构念程度，也即反映测验的意义为何（邱皓政，2013）。

（一）信度检验

此次研究将克朗巴哈（Gronbach）的一致性系数用作信度分析，因为该一致性系数很适合于同质性检验，可有效测定各项目是否测量相同或相似的特征。具体的信度分析结果如表4-9所示，从中可以看出，该问卷中论据质量、图片吸引力、信任倾向、产品态度以及购买意愿等变量的Gronbach' α值大于0.8，则表明该问卷各变量问项的内部一致性较好，因此，本研究的问卷具有较好的信度。

表4-9　　　　　　　　各变量信度分析结果

变量	题项	项已删除的 Cronbach's Alpha 值	Cronbach's Alpha
论据质量	AQ1	0.832	0.866
	AQ2	0.786	
	AQ3	0.820	
图片吸引力	IA1	0.820	0.848
	IA2	0.818	
	IA3	0.815	
	IA4	0.822	
	IA5	0.810	
信任倾向	TD1	0.832	0.859
	TD2	0.838	
	TD3	0.832	
	TD4	0.822	
	TD5	0.824	

续表

变量	题项	项已删除的 Cronbach's Alpha 值	Cronbach's Alpha
产品态度	PA1	0.817	0.855
	PA2	0.832	
	PA3	0.806	
	PA4	0.808	
购买意愿	PI1	0.846	0.888
	PI2	0.841	
	PI3	0.837	

（二）探索性因子分析

本章采用探索性因子分析来检验实验所用问卷的效度。效度分析也就是提取主因子的过程，因子分析的目的是考虑多个影响因素间可能存在一定的相关，为避免分析中存在共线性问题，先对各影响因素做因子分析。通过因子分析可以用较少的综合指标概括存在于各个变量中的各类信息，而综合指标之间彼此不相关，各指标代表的信息不重叠。因子分析是一种潜在的结构分析方法，其主要作用是寻求各因素变量的基本结构，为以后的研究分析及解释做准备。

在查看因子分析结果前，先确认样本数据是否适合进行因子分析。KMO 和 Bartlett 球形检验（见表 4-10）指标显示题项间有共同因素存在，整体量表和各题项均适合进行因子分析。样本数据的 KMO 检验值为 0.827，大于 0.70 的可接受值，超过 0.80 的良好标准，表明整体量表适合进行因子分析。Bartlett 的球形检验 X^2 值为 1488.462，自由度为 190，结果达到显著水平（p = 0.000）。可拒绝虚无假设，即拒绝变量间的净相关矩阵不是单元矩阵的假设，接受净相关矩阵是单元矩阵的假设，代表总体的相关矩阵间有共同因素存在，适合进行因子分析。

表 4-10　　　　　　　　　　KMO 和 Bartlett 的检验

取样足够度的 Kaiser - Meyer - Olkin 度量		0.827
Bartlett 的球形度检验	近似卡方	1488.462
	df	190
	Sig.	0.000

图4-2是运用SPSS25.0对实验所获取的数据进行因子抽取后的碎石图。从碎石图可以看出，对应于第3个因子的点是折线的第一个转折点，对应于4个因子的点是折现的第二个转折点，对应于5个因子的点是折现的第三个转折点。

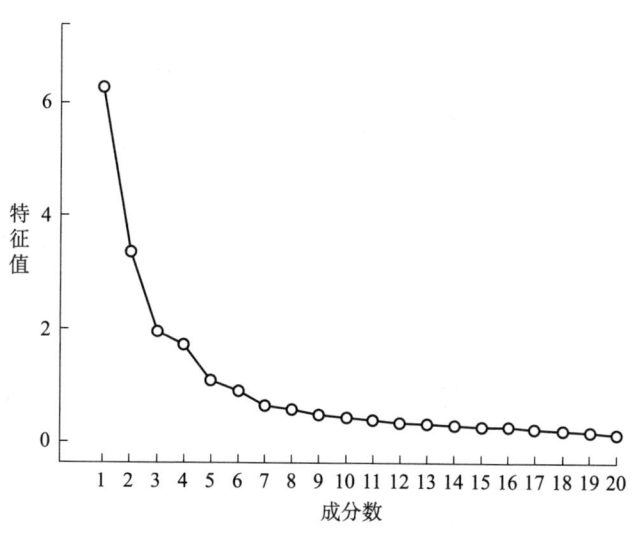

图4-2 实验数据碎石

表4-11显示了使用主成分分析法分析20个因子解释原始变量总方差的情况。第一列是按特征值大小排序的因子标号，在初始特征值之下的三列分别给出了相关系数矩阵的特征值、方差贡献率和累计方差贡献率。从表4-11中的结果可以看出，所提取的5个公共因子的特征值的累计贡献率有72%。

表4-11 解释的总方差

成分	初始特征值			提取平方和载入			旋转平方和载入		
	合计	方差的百分比（%）	累积百分比（%）	合计	方差的百分比（%）	累积百分比（%）	合计	方差的百分比（%）	累积百分比（%）
1	6.269	31.346	31.346	6.269	31.346	31.346	3.266	16.329	16.329
2	3.358	16.792	48.137	3.358	16.792	48.137	3.246	16.230	32.559
3	1.967	9.834	57.971	1.967	9.834	57.971	2.857	14.284	46.843
4	1.722	8.611	66.581	1.722	8.611	66.581	2.519	12.597	59.441
5	1.087	5.433	72.014	1.087	5.433	72.014	2.515	12.574	72.014
6	0.880	4.398	76.412						

续表

成分	初始特征值			提取平方和载入			旋转平方和载入		
	合计	方差的百分比（%）	累积百分比（%）	合计	方差的百分比（%）	累积百分比（%）	合计	方差的百分比（%）	累积百分比（%）
7	0.645	3.224	79.636						
8	0.570	2.848	82.484						
9	0.479	2.393	84.877						
10	0.432	2.161	87.038						
11	0.368	1.842	88.880						
12	0.342	1.711	90.591						
13	0.318	1.592	92.182						
14	0.287	1.433	93.615						
15	0.278	1.388	95.003						
16	0.260	1.299	96.302						
17	0.224	1.119	97.421						
18	0.195	0.976	98.397						
19	0.174	0.872	99.269						
20	0.146	0.731	100.000						

提取方法：主成分分析法。

表4-12显示了使用主成分分析法，经过6次迭代后的因子载荷矩阵。如表4-12所示，测量信任倾向的五个题项的因子载荷均大于0.7、测量产品态度的四个题项因子载荷均大于0.7、测量购买意愿的三个题项因子载荷均大于0.7、测量图片吸引力的五个题项的因子载荷均大于0.7、测量论据强度的三个题项因子载荷也均大于0.7。

表4-12　　　　　　　　旋转后的因子载荷矩阵

变量	成分				
	1	2	3	4	5
信任倾向1		0.816			
信任倾向2		0.806			
信任倾向3		0.767			

续表

变量	成分				
	1	2	3	4	5
信任倾向 4		0.798			
信任倾向 5		0.788			
产品态度 1			0.750		
产品态度 2			0.820		
产品态度 3			0.716		
产品态度 4			0.806		
购买意愿 1					0.880
购买意愿 2					0.780
购买意愿 3					0.811
图片吸引 1	0.684				
图片吸引 2	0.736				
图片吸引 3	0.758				
图片吸引 4	0.790				
图片吸引 5	0.739				
论据质量 1				0.798	
论据质量 2				0.874	
论据质量 3				0.849	

注：提取方法为主成分分析法。旋转法为具有 Kaiser 标准化的正交旋转法。旋转在 6 次迭代后收敛。

（三）验证性因子分析

本书使用因子载荷、Cronbach α 系数、组合信度（CR）和平均变异萃取量（AVE）值评估测量模型的收敛效度。其中，克朗巴哈系数（Cronbach's α）是指量表所有可能的项目划分方法得到的折半信度系数的平均值，是最常用的信度测量方法。组合信度（CR）是指一个组合变量（composite score，由多于一个变量的总和组成的新变量）的信度。平均变异萃取量（AVE）反映了每个潜变量所解释的变异量中有多少来自该潜变量中所有题目。

从表 4 - 13 可以看出，除了 IA1，所有测度项的因子载荷都超过了临界值 0.7；所有潜变量的 CR 值都高于临界值 0.7；所有潜变量的 Cronbach α

系数也都高于临界值0.7；所有潜变量的AVE值都大于临界值0.5。说明本章的测量模型具有良好的收敛效度（Bagozzi & Yi, 1988；Gefen et al., 2000）。

表4-13　　　　　　　　　　量表的信度和聚合效度

变量	测度项	因子载荷	AVE	CR	Alpha value
论据质量（AQ）	AQ1	0.798	0.707	0.878	0.866
	AQ2	0.874			
	AQ3	0.849			
图片吸引（IP）	IA1	0.684	0.551	0.860	0.848
	IA2	0.736			
	IA3	0.758			
	IA4	0.790			
	IA5	0.739			
信任倾向（TD）	TD1	0.816	0.532	0.896	0.859
	TD2	0.806			
	TD3	0.767			
	TD4	0.798			
	TD5	0.788			
产品态度（PA）	PA1	0.750	0.599	0.856	0.855
	PA2	0.820			
	PA3	0.716			
	PA4	0.806			
购买意愿（PI）	PI1	0.880	0.680	0.864	0.888
	PI2	0.780			
	PI3	0.811			

此外，如表4-14所示，所有潜变量的AVE值的平方根都高于它与其他潜变量之间的相关性系数，说明本测量模型具有良好的区分效度（Fornell & Larcker, 1981；Gefen et al., 2000）。

表 4-14　　　　　　　　相关系数矩阵与 AVE 值的平方根

变量	论据质量	图片吸引	信任倾向	产品态度	购买意愿
论据质量	0.841				
图片吸引	0.436**	0.742			
信任倾向	0.127	0.026	0.729		
产品态度	0.410**	0.412**	0.169	0.774	
购买意愿	0.212*	0.544**	-0.029	0.472**	0.825
均值	2.897	2.672	3.426	3.132	2.264
标准差	0.835	0.797	0.767	0.774	0.928

注：矩阵斜对角线为每个潜变量的 AVE 平方根；*p<0.05，**p<0.01。

第四节　假设检验

为检验本章所提出的理论模型和所有假设，研究者使用了 SPSS 中的多重线性回归分析和 PROCESS 分析。

一、多重线性回归分析

（一）主效应与调节效应检验

研究者采用 SPSS 中的多重线性回归分析检验理论模型中的所有假设。多重线性回归（multiple linear regression）是简单直线回归的推广，研究一个因变量与多个自变量之间的数量依存关系。多重线性回归用回归方程描述一个因变量与多个自变量的依存关系。研究者使用这种统计方法以"产品态度"为因变量检验假设 H1、H2、H3 和 H4。具体步骤为：第一步，放入控制变量，尽量消除一些干扰项所带来的影响。第二步，将自变量和调节变量放入回归方程。第三步，将自变量与调节变量的乘积项放入回归方程。然后利用 R^2、F 检验调节变量是否对自变量与因变量之间的关系产生调节作用，从而检验本研究假设。值得一提的是，在做层次回归分析之前，需要对参加回归分析的变量做中心化或者标准化处理再做乘积。指标中心化或者标准化处理是调节效应建模的一个必要步骤。指标中心化或者标准化处理既减少了多重共线性问题，又简化了模型，本书研究对变量进行的是标准化处理。表4–15显示了此次多重线性回归的结果。

表4–15　　　　　　　　　主效应与调节效应的回归结果

变量	因变量：产品态度					
	模型1		模型2（主效应）		模型3（调节效应）	
	Estimate	P	Estimate	P	Estimate	P
性别	0.083	0.366	0.077	0.337	0.094	0.236
年龄	0.170	0.073	0.180	0.032	0.146	0.080
经验	-0.184	0.063	-0.143	0.103	-0.150	0.083
频率	-0.048	0.605	0.010	0.900	0.005	0.954
论据质量			0.248	0.005	0.339	0.000
图片吸引			0.300	0.001	0.269	0.002
信任倾向			0.143	0.071	0.156	0.062
论据质量×信任倾向					-0.250	0.014
图片吸引×信任倾向					0.093	0.344
R^2	0.049		0.290		0.327	
Adj. R^2	0.018		0.249		0.276	
F	1.595		7.112		6.474	

表4–15显示了论据质量、图片吸引对产品态度的影响，以及信任倾向的调节作用的层次分析结果。模型1是控制变量的回归分析结果，目的是尽量消除一些干扰项所带来的影响。此处模型1消除了实验参与者的性别、年龄、网络购物经验以及网络购物频率对实验结果带来的影响。模型2是加入论据质量、图片吸引和信任倾向的回归分析结果，其中，$R^2 = 0.290$，$\Delta R^2 = 0.249$，这表明在控制人口学变量后，模型的解释率上升了24.9%，即论据质量、图片吸引和信任倾向这三个变量可以解释资产的24.9%，$F = 7.112$，且在0.001水平上显著。这说明，回归模型从整体上看是有效的，论据质量、图片吸引和信任倾向三个变量中至少有一个自变量对产品态度有显著影响。根据模型2的结果可知，论据质量的标准化回归系数是0.248，且在0.005水平上显著；图片吸引的标准化回归系数

是 0.300，且在 0.005 水平上显著；信任倾向的标准化回归系数是 0.143，且对应的 P 值大于 0.05。这说明，论据质量和图片吸引对产品态度有显著的正向影响；信任倾向对产品态度没有显著影响。假设 H1、假设 H2 得到验证。

模型 3 的结果是加入交互项之后的结果，$R^2 = 0.327$，$\Delta R^2 = 0.027$（$\Delta R^2 = 0.276 - 0.249$），这表明，在模型 2 的基础上加入交互项后，模型的解释率上升了 2.7%。$F = 6.474$，且在 0.001 水平上显著。这说明，回归模型从整体上看是有效的，在态度改变的中心路线和边缘路线中，信任倾向至少对其中的一条路线的调节作用是显著的。根据模型 3 的结果可知，信任倾向和论据质量交互项的标准化回归系数是 -0.250，且在 0.05 水平上显著。这说明，信任倾向和论据质量的交互项对产品态度是有显著的负向影响。如图 4-3 所示，被试者的信任倾向越高，论据质量对产品态度的影响越不显著；被试者的信任倾向越低，论据质量对产品态度的影响越显著。假设 H3a 和 H3b 得到验证。

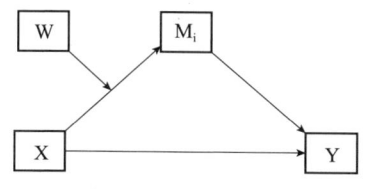

图 4-3　PROCESS 模型 7

然而，由模型 3 的结果可知，信任倾向和图片吸引交互项的标准化回归系数是 0.093，且对应的 P 值大于 0.05。这说明，信任倾向和图片吸引的交互项对产品态度没有显著影响。也就是说，无论被试的信任倾向水平如何，图片吸引对产品态度的影响没有显著变化。假设 H4a 和假设 H4b 未得到验证。

（二）中介效应检验

假设 H5 同样通过多重线性回归分析进行验证。研究者以"购买意愿"为因变量并通过多重线性回归检验"产品态度"的中介作用。具体操作为：模型 1 放入控制变量，尽量消除一些干扰项所带来的影响；模型 2 在模型 1 的基础上将论据质量放入回归方程，检验论据质量的主效应；模型 3 在模型 2 的基础上，将产品态度放入回归方程，检验产品态度的中介作用；模型 4 在模型 1 的基础上将图片吸引放入回归方程，检验图片吸引的主效应；模型5在模型3的基础上将产品态度放入回归方程，检验产品态度的中介作用。

根据表4-16所显示的结果，回归方程中加入论据质量后，模型的解释率上升了3.5%[$\Delta R^2 = 0.019 - (-0.016)$]，$F = 1.493$。对比模型2和模型3的结果可知，在模型2上加入讨论产品态度后，模型的解释率上升了18.6%（$\Delta R^2 = 0.205 - 0.019$），$F = 6.560$，且在0.01水平上显著。此外，引入产品态度后，论据质量的标准化回归系数由0.207下降为0.016，显著水平由在0.05水平上显著变为不显著；而产品态度的标准化回归系数为0.482，且在0.01水平上显著。这说明，论据质量对购买意愿的正向影响通过影响产品态度得以实现，产品态度在论据质量对购买意愿的影响机制中起中介作用。

表4-16　　　　　　　　　　中介效应回归结果

变量	因变量：购买意愿				
	模型1	模型2	模型3	模型4	模型5
性别	-0.033	-0.041	-0.073	-0.040	-0.064
年龄	0.005	0.003	-0.077	0.010	-0.044
经验	-0.114	-0.082	-0.023	-0.112	-0.055
频率	0.080	0.091	0.104	0.112	0.127
论据质量		0.207*	0.016		
图片吸引				0.550**	0.424**
产品态度			0.482**		0.307**
R^2	0.015	0.057	0.242	0.316	0.390
Adj. R^2	-0.016	0.019	0.205	0.288	0.360
F	0.479	1.493	6.560	11.446	13.106

注：*$p < 0.05$，**$p < 0.01$。

根据模型4的结果，回归方程中加入图片吸引后，模型的解释率上升了30.4%[$\Delta R^2 = 0.288 - (-0.016)$]，$F = 11.446$。对比模型4和模型5的结果可知，模型5在模型4的基础上加入讨论产品态度后，模型的解释率上升了7.2%（$\Delta R^2 = 0.360 - 0.288$），$F = 13.106$。此外，引入产品态度后，图片吸引的标准化回归系数由0.550下降为0.424，而产品态度的标准化回归系数为0.307，且在0.01水平上显著。这说明，图片吸引对购买意愿的正向影响有一部分通过影响产品态度得以实现，产品态度在图片吸引对购买意愿的影响机制中起中介作用。基于以上讨论，假设 H5 得到验证。

二、PROCESS 分析

为了从整体上验证本章带有调节的中介模型的有效性且进一步分析中介作用的显著性和效应值并验证假设 H5，本书执行了海斯（Hayes，2013）开的 PROCESS 3.0 程序。执行 PROCESS 中的模型 7（见图 4-3）后，结果如表 4-17 和表 4-18 所示。根据表 4-17，中心路线的调节中介模型效应系数为 -0.132，95% 置信区间不包含 0，说明被试者的信任倾向对论据质量与消费者产品态度之间关系的负向调节作用显著（Effect = -0.132，SE = 0.067，95% CI = [-0.282，-0.024]），假设 H3 得到验证。而边缘路线的调节中介模型效应系数的 95% 置信区间包含 0，说明被试者的信任倾向对图片信任与消费者产品态度之间关系的正向调节作用不显著（Effect = -0.00，SE = 0.032，95% CI = [-0.069，0.063]）。因此，假设 H4 不成立。

表 4-17　　　　　　　有调节的中介效应的 Bootstrap 检验

路线	说明路径	TD	Effect	BootSE	Boot 95% CI	
					BootLLCI	BootULCI
中心路线	AQ 对 PI 的影响		0.025	0.095	-0.164	0.213
	调节中介效应		-0.132	0.067	-0.282	-0.024
	PA 在 AQ 与 PI 之间的中介作用	-0.626	0.492	0.114	0.263	0.708
		0.174	0.242	0.061	0.125	0.364
		0.574	0.149	0.050	0.052	0.246
边缘路线	IA 对 PI 的影响		0.491	0.090	0.312	0.669
	调节中介效应		-0.0003	0.032	-0.069	0.063
	PA 在 IA 与 PI 之间的中介作用	-0.626	0.232	0.089	0.073	0.413
		0.174	0.160	0.062	0.044	0.285
		0.574	0.126	0.065	0.002	0.259

表 4–18　　　　　　　　　　中介效应量检验

说服路径	效应类型	效应量	标准误	95% 置信区间
AQ 对 PI 的影响	直接效应	0.018	0.097	[-0.173, 0.209]
	中介效应	0.212	0.060	[0.101, 0.340]
IA 对 PI 的影响	直接效应	0.494	0.091	[0.315, 0.674]
	中介效应	0.146	0.060	[0.033, 0.265]

如表 4–18 所示，论据质量对购买意愿的直接效应系数为 0.018，95% 置信区间包含 0，说明论据质量对购买意愿无直接影响（Effect = 0.018，SE = 0.097，95% CI = [-0.173, 0.209]）。然而，论据质量通过产品态度对购买意愿的间接效应系数为 0.212，且 95% 置信区间不包含 0，说明论据质量通过产品态度对购买意愿产生了影响（Effect = 0.212，SE = 0.060，95% CI = [0.101, 0.340]）。对于态度说服的中心路线而言，假设 H5 得到验证，且产品态度在论据质量对购买意愿的影响机制中起完全中介作用。此外，图片吸引对购买意愿的直接效应系数为 0.494，95% 置信区间不包含 0，说明论据质量对购买意愿存在直接影响（Effect = 0.494，SE = 0.091，95% CI = [0.101, 0.340]）。图片吸引通过产品态度对购买意愿的间接效应系数为 0.146，且 95% 置信区间不包含 0，说明产品态度对图片吸引与消费者购买意愿之间关系的中介效应显著（Effect = 0.146，SE = 0.060，95% CI = [0.033, 0.265]）。即：对于态度说服的边缘路线而言，假设 H5 得到验证，且产品态度在图片吸引对购买意愿的影响机制中起部分中介作用。

第五节　本章小结

一、研究结果

本章的实验结果为理解消费者电子商务信任中"个人信任倾向"维度在电子商务网站信息说服机制中的作用做出了一定的理论贡献。具体而言，本章实验的主要发现如下。

首先，不管消费者个人信任倾向如何，电子商务网站中的论据质量和网站使用的图片吸引力对消费者心目中的产品态度均有显著的积极影响。此外，这种积极的影响会通过产品态度正向影响消费者的购买意愿。也就是说，当电子商务网站中的论据质量越高，消费者心目中的产品态度就越正向，消费者的购买意愿也越强。同样，当电子商务网站中所使用的图片的吸引力越高，消费者的购买意愿也越强。

其次，消费者的个人信任倾向会影响消费者对电子商务网站中论据质量的加工。具体而言，当消费者的个人信任倾向越高时，电子商务网站使用高质量论据和使用低质量论据所造成的产品态度上的差异性降低。而当消费者的个人信任倾向越低时，电子商务网站使用高质量论据所造成的产品态度要显著高于使用低质量论据上的情况。

最后，消费者的个人信任倾向并没有影响电子商务网站中图片吸引力对消费者的说服机制。也就是说，无论消费者的个人信任倾向水平如何，网站所使用图片的吸引力对消费者在产品态度上造成的影响没有显著的区别。

二、研究启示

本章的实验结果无论在理论上还是实践中都有一定的启示性。

（一）理论启示

就理论上而言，消费者的个人信任倾向很可能是一个以往研究并没有讨论过的能够通过影响个体精细加工可能性从而影响个体态度的变量。消费者个人信任倾向能够在电子商务网站的论据质量及消费者产品态度之间起到负向调节作用。这说明，当消费者的个人信任倾向低时，个体更倾向于仔细地加工电子商务网站中的论据质量（因为倾向于不信任他人）。此时，电子商务网站中论据质量的高低在消费者仔细的加工和评估中，差别更为突出。由此，论据质量对产品态度的影响机制得到调节。这一发现对于将传统态度说服模型应用于新媒体环境有相当的理论意义,丰富和完善了传统媒介时代提出的精细加工可能性模型在新媒体时代的理论框架。

(二) 实践启示

根据本章的实验结果,论据质量的重要性再次得到了验证。即论据质量对产品态度的正向影响显著,并通过产品态度正向影响消费者的购买意愿。根据前面的论述,论据是电子商务网站中与其观点切实相关的信息。可以理解为产品质量、产品性能等与电子商务网站中所销售商品紧密相关的中心线索。实验结果中,论据质量的高低直接会影响消费者的产品态度。这说明与线下购物一样,电子商务消费者对于产品本身的因素是十分在意的。对于电子商务从业者来说,这意味着自营电商需重视提升所销售产品的性能和质量,经销电商渠道需加强选品环节对拟销售商品性能和质量的本质。单纯地追求营销技巧或促销花样也许并不能深刻长远地影响消费者。

由于虚拟性和交易的时空分离性是电子商务的主要特点之一,电子商务网站中所使用图片的吸引力变得十分重要。根据本章实验结果,电子商务网站图片的吸引力越高,消费者对其所销售商品的产品态度越积极,购买意愿越强烈。因此,电子商务从业者要摒弃旧有的"酒香不怕巷子深"观念,认为只要产品的质量和性能是过硬的,网站上随意进行基本的展示就可以了。实验结果表明,同样的一款产品,花费心思在网站图片的呈现上会对消费者购买意愿产生更积极的影响。从而提升网站的销售量。

本章实验结果证实了消费者个人信任倾向对论据质量说服效果的调节作用。这一结果的贡献虽然主要体现在对精细加工可能性模型理论框架的丰富上面,但是对电子商务实践者也有一定的启示。特别是随着目前大数据、人工智能等新技术的发展,消费者个人信任倾向对论据质量说服效果的调节作用将成为更多实践尝试的基础。例如,通过大数据和人工智能算法测量不同消费者的个人信任倾向,像目前个性化广告推送一样实现个性化的电子商务网站推送,从而实现精准营销。

三、研究展望

本章的实验结果虽然证实了消费者个人信任倾向对论据质量说服效果的负向调节作用，但根据精细加工可能性模型，个人信任倾向作为模型中的调节变量，还应该对图片吸引力的说服效果产生正向调节作用。但是本章的实验结果并未证实这一点。可能的原因在于：（1）"图片吸引力"对于电子商务媒介而言是一个非常重要的边缘线索，所以其说服机制有所不同；（2）本章实验所选取的产品——床单被套具有一定的特殊性，所以产品属性影响了边缘线索的说服机制。以上两种可能为我们下一章和未来的研究提供了方向。第五章将使用另一种产品以及另一种边缘线索对本书的模型进行验证。

此外，图片吸引力是电子商务网站设计中一个重要的边缘线索。但电子商务网站设计还涉及色彩搭配、导航人性化等其他因素，未来可以扩展设计方面边缘线索的研究。

第五章 消费者制度信任对电子商务信息说服机制的影响

第一节 实验模型及研究假设

本章主要讨论消费者心目中电子商务的制度信任水平对网站中信息线索说服效果的影响机制。同第四章一样，本章采用实验法进行验证。具体研究假及实验模型如下。

一、研究假设

虽然第四章的实验已经证实论据质量和边缘线索对消费者产品态度的积极影响，本章的假设 H1 与假设 H2 依旧与论据质量和边缘线索对消费者产品态度的影响相关。具体原因有二：一是本章的实验将通过不同的产品、论据即边缘线索来提升假设 H1 与假设 H2 的适用性；二是论据质量和边缘线索对消费者产品态度的影响是消费者制度信任能够起到调节作用的基础。因此，本章的第一、第二个假设与第四章相同，特在此解释。

（一）论据质量对产品态度的影响

精细加工可能性模型（ELM）将个体态度被说服的过程分为中心路线与边缘路线，在中心路线下，个体购买意愿被论据本身的价值和说服性所改变（佩蒂和卡乔波，1986）。其中，论据指有助于个人确定提议立场真实价值的包含在传播中的信息（钟，2013），而论据质量则指论据本身的价值及其所引起的思想的效价（巴特拉和斯塔曼，1990；克拉克等，2013）。论据质量在一定程度上反映了信息的相关性、充分性、准确性和通用性（周涛，2012）。在中心路线下，个体对传播内容进行仔细推敲，有说服力且逻辑严密的信息会促使个体产生更偏向于传播内容观点的想法，进而个体的态度会产生相应的积极改变。因此，论据质量决定了信息令人信服的程度，积极作用于消费者的态度（佩蒂和卡乔波，1983）。在电子商务数以万计的网站中，各网站信息的质量差别很大，消费者对网站信息内容稍不满意就会离开网站（钟，2013）。塞特纳（2017）等学者指出，高质量的论据能够促使消费者产生更积极的态度。因为高质量的论据可以帮助消费者对商品形成客观全面的认知，从而积极影响消费者的商品态度、品牌态度（陈晓红和曾平，2016；张蓓和林家宝，2015）。据此，本书提出以下假设。

假设 H1：电子商务网站中信息的论据质量越高，消费者对其销售产品的态度越积极。

（二）边缘线索对产品态度的影响

ELM 中说服的边缘路径指个体不根据观点的利弊考虑问题，而是根据说服语境中各种积极或消极的简单线索对观点进行简单的判断（佩蒂和卡乔波，1983）。在边缘路径下，边缘线索对个体行为意愿进行说服和改变，这类线索指除了信息中本身的信息之外的刺激变量，例如信源可信度、重复等（佩蒂和卡乔波，1986）。朔尔滕（1996）认为，边缘说服线索会激发受众对广告的情感共鸣从而达到说服效果。在电子商务研究领域，排序提示（谭和霍，2005）、第三方标记认证（王全胜等，2009）、第三方排名（王全胜等，2009）、网站评论区的透明程度（包敦安和董大海，2009）、卖家信誉度（派克等，2007）、信源可信度（黄卫来和潘晓波，2014）、在线互动（吕洪兵，2012）、情景化图片（顾琳，2016）、网站的生动性（范晓屏等，2013）、边缘线索丰裕程度（订黎黎等，2014）、支持性服务（森菲泰利等，2008）等边缘线索均被证实能够提升消费者的购买意愿。据此，研究者认为，边缘线索对消费者其他行为意愿也存在积极影响，并提出以下假设。

假设 H2：电子商务网站中的边缘线索对消费者产品态度有积极影响。

（三）消费者制度信任的调节作用

佩蒂和卡乔波（1986）认为，除了公正的、数据驱动的、相对客观的精细加工模型之外，还存在着一种带有偏见的精细加工模型。在带有偏见的精细加工模型中，个人的最初态度和信念以及已有的知识和预警等，会引起带偏见的信息加工倾向。带有偏见的精细加工可能性模型以特塞尔（Tesser，1978）的图式理论为基础，认为个人的初始态度会成为引导信息加工的重要图式，影响信息的加工。这种信息加工的方式是带有偏见的，信息加工的结果基本以维护原有的态度为主。例如，有研究者发现，当消费者对一家公司的最初的信任程度比较低时，他会否认未来任何关于此公司正面信息的有效性（Sekar et al.，2021）。在电子商务领域，也有研究者发现，当电子商务中机构的结构等一开始就被认为是高效的时候，消费者心目中卖家信任水平对在线交易的促进作用会得到加强（Gefen & Pavlou，2012）。

既然个人最初的态度和信念会影响个体的精细加工可能性，触发带有偏见的精细加工。那么电子商务初始信任是否会导致个体带有偏见的精细加工便值得进一步的讨论。根据前面的文献综述，电子商务信任可以分为个人信任倾向、个体对具体的卖家与网站可信度的感知（信任信念），以及对电子商务总体可信度的感知（制度信任）。其中，制度信任指个体对电子商务环境中的组织、技术、法律规则的整体可依赖程度的感知（田博和覃正，2008；Mcknight & Chervany，2001；Corritore et al.，2003）。可见麦克奈特（2002）提出的电子商务中消费者心目中的制度信任水平，由于意味着个人对一个国家的电子商务结构保证和情境正常性等可信度的感知，也有可能会触动带有偏见的精细加工。这是因为，研究消费者制度信任概念时我们会发现，其描述的就是消费者对电子商务总体环境可信度的最初态度。消费者对电子商务总体可信度的感知出现在消费者接触特定的电子商务网站之前，是消费者通过以往生活经验所产生的一种感知（Teo & Liu，2007）。可以说，电子商务总体可信度是消费者在进行某一项具体的电子商务交易前，对电子商务的初始态度和信念。由于消费者过去在互联网上的购物经验以及消费者从其他渠道取得的有关电子商务环境的知识形成消费者的"认知"，属于初始态度和信念。对于认为电子商务制度信任水平低的消费者而言，高质量或低质量的正面论据都不会影响他们认为电子商务总体环境是不可信（负面）的。相反，对于认为电子商务制度信任水平低的消费者而言，他们持有积极的初始态度。高质量的论据比低质量的论据更受此类消费者欢迎，因为高质量的论据更能够维护和验证他们最初的积极态度。基于以上论述，本书进一步提出以下假设。

假设 H3：消费者心目中的电子商务制度信任水平能够正向调节论据质量对消费者产品态度的影响。

具体而言：

假设 H3a：当消费者心目中电子商务制度信任水平低时，高质量论据与低质量论据导致的产品态度并无显著区别。

假设 H3b：当消费者心目中电子商务制度信任水平高时，高质量论据导致的产品态度要显著高于低质量论据。

同样，在电子商务的环境下，电子商务从业者们适用边缘线索来帮助消费者产生积极的反应，例如积极的产品态度和购买意愿（Park et al.，2007），认为电子商务制度信任水平高的消费者可能对这些边缘线索的提示更为敏感，因为这些边缘线索可以正向职称自己最初的积极态度。因此，我们提出以下假设。

假设 H4：消费者心目中的电子商务制度信任水平能够正向调节边缘线索对消费者产品态度的影响。

具体而言：

假设 H4a：当消费者心目中电子商务制度信任水平低时，有无边缘线索所导致的产品态度并无显著区别。

假设 H4b：当消费者心目中电子商务制度信任水平高时，有边缘线索导致的产品态度要显著积极于没有边缘线索。

（四）产品态度对购买意愿的影响

精细加工可能性模型是一个用于描述个体态度是如何改变的模型（佩蒂和卡乔波，1986）。在电子商务领域，研究者们使用该模型讨论消费者的态度是如何改变的（袁等，2018）。然而，对于电子商务实践领域而言，只有当消费者的态度进一步成为行为意愿,才会对销售量、回购率等经济指标产生直观的影响。行为意愿最早出现在心理学领域,指个人从事特定行为的主观能动性。学者们认为,行为意愿有别于态度,是个人计划中的、付出努力的、有意识的行为动机,是一种特殊的心理状态(Eagly & Chaiken,1993)。根据理性行为理论(theory of reasoned action,TRA),行为意愿被认为是比感觉、信念、态度等更接近行为的因素,它可以预测一个人是否会产生某种行为(Ajzen,2007)。大量的研究证明,如果能够正确地对个体的行为意愿进行测量,测量结果可以非常精确地预测个体的大部分社会行为(Fishbein & Manfredo,1992)。基姆等(2008)与塞特纳等(2017)为此研究了积极的产品态度是否会导致消费者更高的购买意愿。由此,本书以 TRA 理论为基础,基于前人的研究提出以下假设。

假设 H5:在电子商务中,消费者的产品态度对其购买意愿有正向影响。

二、实验模型

根据上述假设,实验二的实验模型如图 5-1 所示。

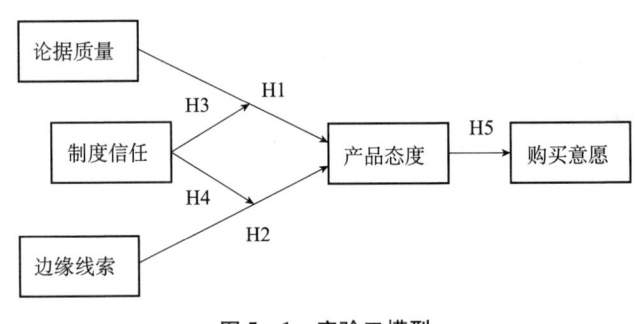

图 5-1 实验二模型

第二节 实 验 设 计

本章所进行的实验选择的实验刺激物依旧为模拟电子商务网站的图片。图片中所包含的论据和边缘线索根据实验目的进行设计。具体而言,对实验刺激物的设计如下。

一、实验商品选择

第四章实验产品的选择以美国信息经济学领域学者尼尔森(1974)提出的搜索型与体验型分类方式为基础,选择了只有当消费者购买并使用该商品后才能获知其属性优劣的体验型产品作为实验商品。此外,第四章的实验结果也证实,对于体验型商品——床单而言,消费者的个人信任倾向确实会影响网站中论据质量对产品态度的影响。因此,本章将继续适用这种产品分类方式作为实验商品选择的基本思路。目前,吉拉德和迪翁(2011)基于尼尔森(1974)的分类标准提出了新的分类方式——搜索型产品、体验型产品、信任型产品(search, experience, credence goods,SEC)。其中,新的类别"信任型"产品是从原有的"体验型"产品中分离出来的一类产品。体验型商品是指商品属性在购买前比较难被消费者获知,只有当消费者购买并使用该商品后才能获知其属性优劣。例如食物、衣物、旅馆等,消费者只有在试用,或者试穿、试吃之后才能感知到食物是否可口、衣物是否合身、旅店是否舒适。而信用型产品则指即便在消费者试用、试穿、试吃后,也很难或者无法获知产品的属性优劣,消费者只有选择信任该产品具有其声称的属性。例如维生素片等商品,消费者很难确定该维生素的含量是否如包装所示是一粒200毫克,还是只含有190毫克。在这样的情况下,信任对于此类产品的线上销售或许会起到更为重要的作用。

依据吉拉德和迪翁(2011)所提出的信任型产品的定义,本章拟选定"医用口罩"作为实验商品。2019年底,新冠肺炎疫情肆虐。从2019年底至2020年初,医用口罩成为重要的抗疫战略资源,也是最为稀缺的抗疫战略资源。

二、论据质量

ELM模型中的"说服论据",是指使信息本身具有说服力的信息(Petty and

Cacioppo，1981）。在广告学领域，也有学者将其称为商品的内部线索，他们通常包括商品自身的价值、使用价值、质量特性等（冯建英等，2006）。具体来讲，耐用品的内部线索一般指质量、性能、可靠性等指标；食品类的内部线索则指口味、营养价值等（吴亮锦和糜仲春，2005）。然而，对于不同类别的商品，什么样的论据具有高质量及核心说服力，个体的看法是存在差异的（Snyder and Debono，1985）。ELM 模型的提出者贝蒂和卡乔波（1981）指出，大多数人认为有说服力的论据才是"高质量论据"。参考贝蒂和卡乔波（1986）的实验操作，获得床单高质量论据、低质量论据具体操作步骤如下。

（1）通过以下两个渠道收集并整理出大量支持购买某品牌医用口罩的论据：一是整理电子商务平台上有关医用口罩的信息论据。二是对两位广告与品牌专业的博士研究生进行访谈，尽可能地获取关于医用口罩的中心论据。这些论据既包括直观的信息，也包括似是而非的信息。最终，实验通过本步骤获取的论据如表 5-1 所示。

（2）使用甘莫（2006）测量论据质量的量表对上一步所获取的所有论据的论据质量高低进行评分。邀请 50 名大学生根据甘莫（2006）的量表对所有论据进行评分。甘莫（2006）的论据质量量表如表 5-2 所示，上一步论据的得分如表 5-3 所示。

表 5-1　　　　　　　　　　用于前测的口罩论据

序号	描述
1	3D 立体剪裁，精致鼻夹条设计，让您随心调节，舒适同时修饰脸型
2	表层防潮无纺布，内层短纤无纺布，双面透气；中间医用级熔喷布，细菌过滤率 >99.6%
3	中层熔喷布高燃点，普通的火无法点燃
4	精致生活，家庭常备。10 只一包，家庭使用 5 包刚好够量，人手一包
5	第一层，加软无纺布，吸附灰尘静电和有害物质；第二层，医用微滤熔喷布，过滤灰尘颗粒等物质；第三层，亲肤无纺布，亲肤透气过滤遗漏颗粒物
6	口罩使用优质面料，柔软亲肤如丝一般，呵护您的肌肤
7	一次性口罩，隔绝空气污染，守护您的健康
8	有效过滤守护，轻松应对空气中的甲醛、异味、粉尘、雾霾、飞沫、病毒，让您从此对空气污染说 No

续表

序号	描述
9	所有指标符合 YY/T0969—2013《一次性使用医用口罩》要求，提供专业机构检测报告
10	口罩耳带使用超声波精准焊点，牢固耐拉扯，无惧脱落更放心
11	真正的医用外科口罩，经过环氧乙烷灭菌解析，国家药品监督管理局官网可查
12	多层褶皱，不管您是何种脸型，都能更好包覆您的面颊

表 5-2　　　　　　　　　　论据质量量表

题项	描述
AQ1	请为本论据中的有用程度进行打分
AQ2	请为本论据中的价值进行打分
AQ3	请为本论据中的说服性进行打分

表 5-3　　　　　　　　　　口罩论据质量得分

论据序号	得分	标准差
论据一	3.43	0.83
论据二	4.06	0.68
论据三	2.76	0.92
论据四	3.15	1.01
论据五	4.18	0.71
论据六	2.92	1.00
论据七	2.90	1.11
论据八	3.65	0.77
论据九	3.91	0.76
论据十	3.21	0.87
论据十一	3.72	1.05
论据十二	2.83	1.01

（3）对得分前四和倒数后四的四组论据分别进行配对 t 检验，确保高质量论据组和低质量论据组的论据两两之间均存在显著差别。整合给得分组和低分组的论据，最终形成高质量论据组的论据。论据一：第一层，加软无纺布吸附灰尘静电和有害物质；第二层，医用微滤熔喷布过滤灰尘颗粒等物质；第三层，亲肤无纺布亲肤透气过滤遗漏颗粒物，细菌过滤率 > 99.6%。论据二：口罩所有指标

符合 YY/T0969—2013《一次性使用医用口罩》要求，提供专业机构检测报告。论据三：真正的医用外科口罩，经过环氧乙烷灭菌解析，产品信息国家药品监督管理局官网可查。低质量论据组的论据如下。论据一：精工细作体现简洁的美感，口罩整体时尚大方。论据二：多层褶皱，不管您是何种脸型，都能更好包覆您的面颊。论据三：中层熔喷布高燃点，普通的火无法点燃。

三、边缘线索

电子商务网站是电子商务系统的重要组成，电子商务网站的声誉也是许多电子商务领域学者的研究对象（Jarvenpaa et al., 1999；邓之宏、邵兵家，2009；汪旭晖等，2019）。声誉和规模一样，可以被概念化为消费者对电子商务店铺的"感知声誉"，也就是买方相信卖方的程度（Jarvenpaa et al., 1999）。在市场营销学中，声誉被认为是一种有价值的资产。因为良好的声誉标志着公司过去对机会主义的克制，即不愿意通过投机取巧来做损害声誉资产的事（Chiles & McMackin, 1996）。对于电子商务而言，由于交易上的时空分离带来了比传统交易更多的风险，声誉在网络交易过程中更为重要。在早期的互联网营销背景下，奎尔奇和克莱恩（Quelch and Klein, 1996）等认为，网络消费者会更倾向于与实体店铺有联系的具有一定声誉的店铺。随着越来越多"纯线上"（online）商铺的诞生，店铺声誉也不再局限于与线下实体店铺的关联，它已经成为消费者识别卖家的重要因素（汪旭晖等，2019）。目前，电商声誉的研究需要从集体声誉和个体声誉两个角度进行分析。汪旭晖和张其林（2017）指出，平台型电商声誉包括平台企业整体声誉、平台企业个体声誉、平台卖家整体声誉和平台卖家个体声誉四个方面。个体声誉则指网络企业声誉界定为消费者对企业诚信和受关注水平的信任程度（Koufaris & Hampton – Sasa, 2004）。

考虑到店铺声誉对电子商务的重要性，本章实验的边缘线索选择单个店铺声誉作为边缘线索。即消费者对该卖家诚信和受关注水平的信任程度（Koufaris & Hampton – Sasa, 2004）。为了操控被试者心目中店铺声誉水平，实验团队参考了阿里巴巴集团旗下淘宝和天猫网站的"店铺印象"部分的截图来体现电子商务网站的店铺声誉。该店铺声誉体系包括"几星几钻"、粉丝数、店铺好评率（描述相符好评率及其与同行的比较、服务态度好评率及其与同行的比较、物流服务好评率及其与同行的比较）、店铺开店时间及注资金额等信息。高店铺声誉如店铺名称选择"某某官方旗舰店"一类较为正式的名字；店铺享有平台的"金牌卖家"称号并获五钻；粉丝数量 400 万左右；店铺好评率 100.00%，其中，描述相符、服务态度、物流服务均高于同行 60% 以上；服务电话是座机；开店时间 15 年以上；注册资本 280 万元。低店铺声誉如店铺名称选择"某某批发商城"一类"档次感"比较低的名字；店铺的评级为最低等的"两颗爱心"；粉丝人数为个位数；店铺好评率未上 90%，其中，描述相符、服务态度、物流服务均低于同 30% 以上；服务电话是手机；开店时间未满 2 年；注册资本 1000 元。

为了进一步检测上述用于实验的店铺信息图片能够引起被试者心目中感知店铺声誉的区别，研究团队招募了 80 名在校大学生，并将他们随机分为两组（每组 40 人）随机浏览一组图片并根据图片对该电子商务网站店铺声誉进行打分。店铺声誉的测量使用了耶尔文佩等（1999）研究中的 5 点量表，如表 5-4 所示。最终两组被试者在店铺声誉上的报告如表 5-5 所示。独立样本 T 检验结果显著（$t = 16.227$，$p < 0.001$），表明图片所引起的店铺声誉具有显著区别。

表 5-4　　　　　　　　　　店铺声誉量表

题项	描述
SR1	我感觉这家店知名度很高
SR2	我感觉这家店名声很好
SR3	我感觉这家店提供的产品或服务应该是名副其实的
SR4	这家店在消费者中的名声不好

表 5-5　　　　　　　　　　店铺声誉得分

组别	得分	标准差
高店铺声誉组	3.79	0.765
低店铺声誉组	1.87	0.634

四、实验刺激物制作

与第四章的实验一样，本章的实验模仿中国最大 B2C 电子商务网站中销售医用口罩的购物网站中的图文介绍模式，制作实验组 A 的实验刺激图片，其文字采用前期实验获得的三条强论据，有关店铺信息的图片使用高店铺声誉图片。实验组 B 使用实验刺激图片，其文字采用前期实验获得的三条弱论据，有关店铺信息的图片使用高店铺声誉图片。实验组 C 使用实验刺激图片，其文字采用前期实验获得的三条强论据，有关店铺信息的图片使用低店铺声誉图片。实验组 D 使用实验刺激图片，其文字采用前期实验获得的三条弱论据，有关店铺信息的图片使用低店铺声誉图片。

五、实验流程

本实验为一个 2（论据质量高 vs 低）× 2（店铺声誉高 vs 低）的组间实验。实验的参与者为自愿参与的本科大学生。虽然大学生只是电子商务购物人群的一部分，但不少研究者认为，学生是一个能够替代线上消费者的有效样本，因为他们的研究证实网络消费群体的年龄趋于年轻化，受教育程度也高于传统消费者（McKnight et al., 2001; Dan, 2008）。因此，本实验选取大学生作为实验被试者。共招募 200 名在校大学生，随机均分为 A、B、C、D 组（50 人为一组）。实验开始时，被试者首先阅读一小段关于实验的文字介绍；其次浏览该组所对应的实验刺激图片；最后完成一份包含被试制度信任、产品态度、购买意愿、论据质量及图片吸引力的量表。实验持续时间约五分钟，所有被试者使用网络问卷链接完成实验。每位被试者在参与实验后获得一份小礼品。

六、实验量表

本章的实验采取李克特五点量表，所有题项如表 5-6 所示。由于本章实验所借鉴的是国外研究者开发的量表，因此，在使用时进行了多次严格的正译和反译，并邀请了一位英文专业博士、一位管理学博士、两位新闻传播学博士对问卷内容效度一级题项的表达方式进行反复推敲。从而尽可能保证翻译的严谨和准确，以及问卷题项与本章实验的高度吻合。

表 5-6　　　　　　　　　　　实验量表

变量	题项	内容	来源
论据质量	AQ1	该电子商务网站中呈现的论据信息是有说服力的	Bhattacherjee and Sanford（2006）
	AQ2	该电子商务网站中呈现的论据信息是有用的	
	AQ3	该电子商务网站中呈现的论据信息是有价值的	
店铺声誉	SR1	我感觉这家店知名度很高	Jarvenpaa et al.（1999）
	SR2	这家店名声很好	
	SR3	这家店在消费者中的名声不好	
	SR4	我感觉这家店提供的产品或服务应该是名副其实的	Koufaris & Hampton-Sosa（2004）
制度信任	IBT1	我能够很自在地在网上购物	McKnight et al.（2002）
	IBT2	绝大多数网络商家都有能力服务他们的客户	
	IBT3	绝大多数网络商家在满足客户需求时都完成得很好	
	IBT4	互联网有足够的保障来让我舒适地网购	
产品态度	PA1	我认为该电商网站中销售的产品是不好的 vs 好的	Angst and Agarwal（2009）
	PA2	我认为该电商网站中销售的产品是重要的 vs 不重要的	
	PA3	我认为该电商网站中销售的产品是没用的 vs 有用的	New item
	PA4	我认为该电商网站中销售的产品是有价值的 vs 低价值的	New item
购买意愿	PI1	我倾向于购买该电子商务网站销售的产品	Kim and Han（2014） Koo et al.（2014）
	PI2	我可能会购买该电子商务网站销售的产品	
	PI3	我对于购买该电子商务网站销售的产品很感兴趣	

第三节 数据分析

一、数据收集

本章实验的数据收集依托于重庆工商大学与西南大学两所高校。研究者首先通过线上海报征集有参与实验意愿的被试；其次将有参与意愿的被试者邀请进入统一的腾讯 QQ 群中；最后研究者将对群内的被试者随机分组并发送相应的链接。被试者点开相应的链接，浏览实验图片（每组的图片各不相同）并完成相应的量表。研究者在确认被试者完成研究任务后，将通过腾讯 QQ 发放 5 元现金红包。

二、样本特征

收集实验数据后，删除以下样本：（1）未完成所有题项的作答；（2）连续 10 道题项作答 1、5 或者其他数字；（3）作答时间短于实验者记录的快速浏览完整问卷用时。删除无效数据后，实验一最终获得有效样本 191 份。实验收集的样本数据再次证实了大学生是活跃的电子商务消费者：超过 70% 的被试者在过去 3 个月内网购 5 次以上，所有被试者均拥有一年以上的网络购物经验。样本的人口特征分布如表 5-7 所示。

表 5-7　　　　　　　　　　实验样本特征

性别	男	79（41.2%）
	女	112（58.8%）
年级	大一	73（38.2%）
	大二	50（26.2%）
	大三	62（32.5%）
	大四	6（3.1%）

续表

	少于1年	0（0%）
网络购物经验	1~2年	125（65.4%）
	2~5年	65（34.0%）
	大于5年	1（0.5%）
	少于5次	54（28.3%）
过去3个月的网络购物频率	5~10次	71（37.2%）
	10~20次	35（18.3%）
	大于20次	31（16.2%）

三、操控检验

对实验收集的数据进行操控检验发现，观看包含高质量论据的电商网站图片的被试者所填写的论据质量得分（$M_{High}=3.40$，$SD=0.81$）要显著高于观看包含低质量论据的电商网站图片被试者（$M_{Low}=2.79$，$SD=0.86$）。进一步进行独立样本t检验证实，两组被试者在论据质量量表中的得分具有显著的区别（$t=5.096$，$p<0.001$）。可见实验对论据质量的操控是有效的。同样，对店铺声誉的操控效果进行检验时发现，实验图片中采用"××官方旗舰店""好评率100%""描述相符评分>4.9""服务态度评分>4.9""物流速度评分>4.9"等店铺声誉线索的被试者在店铺声誉量表上的得分要显著高于另一组，且独立样本t检验结果显著（$M_{High}=3.25$，$SD=0.68$；$M_{Low}=1.94$，$SD=0.75$；$t=12.557$，$p<0.001$），可见实验对店铺声誉的操控有效。

四、信效度检验

（一）信度检验

与第四章一样，本章的研究将克朗巴哈（Gronbach）的一致性信度系数对问卷的信度进行分析，以衡量本章所使用的问卷内题项的一致性和稳定性。实验人员首先使用SPSS25.0软件对整体问卷的18个问项进行信度分析；其次分别对论据质量、店铺声誉、制度信任、产品态度的分量表进行信度分析。具体的信度分析结果如表5-8所示，从中可以看出，该问卷中论据质量、店铺声誉、制度信任、产品态度、购买意愿等变量的Cronbach'a值大于0.8，则表明该问卷各变量问项的内部一致性较好，因此，本书研究的问卷具有较好的信度。

表5-8　　　　　　　　　各变量信度分析结果

变量	题项	项已删除的Cronbach's Alpha值	Cronbach's Alpha
论据质量	AQ1	0.884	0.879
	AQ2	0.781	
	AQ3	0.819	
店铺声誉	SR1	0.817	0.879
	SR2	0.881	
	SR3	0.844	
	SR4	0.917	
制度信任	IBT1	0.782	0.813
	IBT2	0.770	
	IBT3	0.766	
	IBT4	0.742	
产品态度	PA1	0.857	0.877
	PA2	0.834	
	PA3	0.858	
	PA4	0.820	
购买意愿	PI1	0.854	0.916
	PI2	0.898	
	PI3	0.885	

（二）探索性因子分析

本章采用探索性因子分析来检验实验所用问卷的效度。效度分析也就是提取主因子的过程,因子分析的目的是考虑到多个影响因素间可能存在一定的相关,为避免分析中存在共线性问题,先对各影响因素做因子分析。通过因子分析可以用较少的综合指标概括存在于各个变量中的各类信息,而综合指标之间彼此不相关,各指标代表的信息不重叠。因子分析是一种潜在的结构分析方法,其主要作用是寻求各因素变量的基本结构,为以后的研究分析及解释做准备。

如表 5-9 所示,本章实验所获取的数据进行 KMO 和 Bartlett 球形检验,KMO 检验值为 0.884,大于 0.70 的可接受值,超过 0.80 的良好标准,表明整体量表适合进行因子分析。数据的 Bartlett 的球形检验 X^2 值为 2272.689,自由度为 153,结果达到显著水平($p=0.000$)。以上结果意味着样本可拒绝虚无假设,即拒绝变量间的净相关矩阵不是单元矩阵的假设,接受净相关矩阵是单元矩阵的假设。也就是说,量表题项间有共同因素存在,整体量表和各题项均适合进行因子分析。

表 5-9　　　　　　　　　　KMO 和 Bartlett 的检验

取样足够度的 Kaiser – Meyer – Olkin 度量		0.884
Bartlett 的球形度检验	近似卡方	2272.689
	df	153
	Sig.	0.000

如图 5-2 所示,运用 SPSS25.0 的"分析—降维—因子分析"对数据进行因子分析后抽取的碎石图显示,对应第 2 个因子的点是折线的第一个转折点,对应第 4 个因子的点是折线的第二个转折点,对应第 5 个因子的点是折线的第三个转折点。

表 5-10 显示了使用主成分分析法分析 18 个因子解释原始变量总方差的情况。第一列是按特征值大小排序的因子标号,在初始特征值之下的三列分别给出了相关系数矩阵的特征值、方差贡献率和累计方差贡献率。从表 5-10 中的结果可以看出,所提取的 5 个公共因子的特征值的累计贡献率有 76.138%。

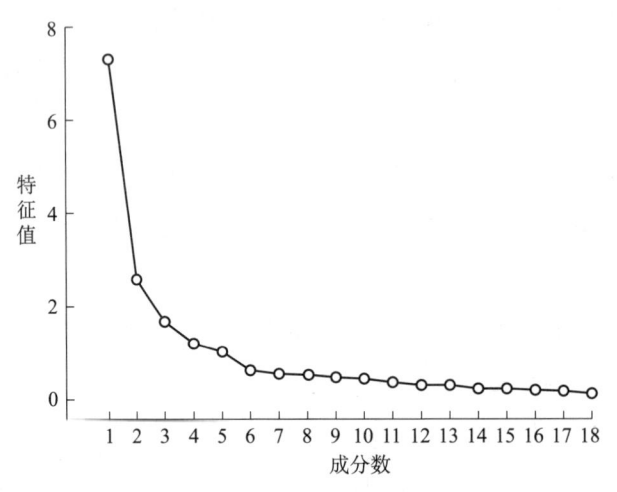

图 5-2 实验数据碎石

表 5-10　　　　　　　　　解释的总方差

成分	初始特征值			提取平方和载入			旋转平方和载入		
	合计	方差的百分比（%）	累积百分比（%）	合计	方差的百分比（%）	累积百分比（%）	合计	方差的百分比（%）	累积百分比（%）
1	7.294	40.522	40.522	7.294	40.522	40.522	3.073	17.070	17.070
2	2.565	14.250	54.772	2.565	14.250	54.772	2.782	15.453	32.523
3	1.645	9.142	63.913	1.645	9.142	63.913	2.686	14.920	47.443
4	1.191	6.618	70.531	1.191	6.618	70.531	2.613	14.519	61.962
5	1.009	5.607	76.138	1.009	5.607	76.138	2.552	14.176	76.138
6	0.608	3.379	79.517						
7	0.526	2.922	82.439						
8	0.502	2.786	85.225						
9	0.461	2.563	87.788						
10	0.420	2.332	90.120						
11	0.342	1.902	92.022						
12	0.305	1.694	93.716						
13	0.285	1.586	95.302						
14	0.212	1.179	96.481						
15	0.193	1.070	97.552						

续表

成分	初始特征值			提取平方和载入			旋转平方和载入		
	合计	方差的百分比（%）	累积百分比（%）	合计	方差的百分比（%）	累积百分比（%）	合计	方差的百分比（%）	累积百分比（%）
16	0.186	1.032	98.584						
17	0.151	0.838	99.422						
18	0.104	0.578	100.000						

注：提取方法为主成分分析法。

表5-11显示了使用主成分分析法经过5次迭代后的因子载荷矩阵。如表5-11所示，测量制度信任的四个题项的因子载荷均大于0.7、测量产品态度的四个题项因子载荷除"产品态度1"的值大于0.5以外均大于0.7、测量购买意愿的三个题项因子载荷均大于0.8、测量店铺声誉的四个题项的因子载荷均大于0.7、测量论据强度的三个题项因子载荷也均大于0.7。

表5-11　　　　　　　　　旋转后的因子载荷矩阵[a]

变量	成分				
	1	2	3	4	5
制度信任1				0.760	
制度信任2				0.794	
制度信任3				0.812	
制度信任4				0.831	
产品态度1		0.593			
产品态度2		0.850			
产品态度3		0.751			
产品态度4		0.763			
购买意愿1			0.863		
购买意愿2			0.816		
购买意愿3			0.841		
论据强度1					0.828
论据强度2					0.809
论据强度3					0.789

续表

变量	成分				
	1	2	3	4	5
店铺声誉1	0.836				
店铺声誉2	0.865				
店铺声誉3	0.739				
店铺声誉4	0.752				

注：提取方法为主成分分析法。旋转法为具有 Kaiser 标准化的正交旋转法。旋转在5次迭代后收敛。

（三）验证性因子分析

本书使用因子载荷、组合信度（CR）Cronbach α 系数和平均变异萃取量（AVE）值评估测量模型的收敛效度。

从表5-12中可以看出，除了 PA1，所有测度项的因子载荷都超过了临界值0.7；所有潜变量的 CR 值都大于0.8，高于临界值0.7；所有潜变量的 Cronbach α 系数也都大于0.8，高于临界值0.7；所有潜变量的 AVE 值都大于临界值0.5。说明本章的测量模型具有良好的收敛效度（Bagozzi & Yi, 1988; Gefen et al., 2000）。

表5-12　　　　　　　　量表的信度和聚合效度

变量	测度项	因子载荷	AVE	CR	Alpha value
论据质量（AQ）	AQ1	0.828	0.654	0.850	0.879
	AQ2	0.809			
	AQ3	0.789			
店铺声誉（SR）	SR1	0.836	0.640	0.876	0.879
	SR2	0.865			
	SR3	0.739			
	SR4	0.752			
制度信任（IBT）	IBT1	0.760	0.640	0.876	0.813
	IBT2	0.794			
	IBT3	0.812			
	IBT4	0.831			

续表

变量	测度项	因子载荷	AVE	CR	Alpha value
产品态度（PA）	PA1	0.593	0.555	0.830	0.877
	PA2	0.850			
	PA3	0.751			
	PA4	0.763			
购买意愿（PI）	PI1	0.863	0.706	0.878	0.916
	PI2	0.816			
	PI3	0.841			

此外，如表5-13所示，所有潜变量的AVE值的平方根都高于它与其他潜变量之间的相关性系数，说明本测量模型具有良好的区分效度（Fornell & Larcker, 1981; Gefen et al., 2000）。

表5-13　　　　　相关系数矩阵与AVE值的平方根

变量	论据质量	店铺声誉	制度信任	产品态度	购买意愿
论据质量	0.809				
店铺声誉	0.459**	0.800			
制度信任	0.173*	0.140	0.800		
产品态度	0.592**	0.543**	0.100	0.745	
购买意愿	0.527**	0.468**	0.066	0.640**	0.840
均值	3.100	2.594	3.584	3.347	1.949
标准差	0.885	0.695	0.695	0.922	0.736

注：矩阵斜对角线为每个潜变量的AVE平方根；$*p<0.05$，$**p<0.01$。

第四节　假设检验

为检验本章所提出的理论模型和所有假设，使用SPSS中的多重线性回归分析和PROCESS分析。

一、多重线性回归分析

（一）主效应与调节效应检验

本书采用 SPSS 中的多重线性回归分析检验理论模型中的所有假设。多重线性回归（multiple linear regression）是简单直线回归的推广，研究一个因变量与多个自变量之间的数量依存关系。多重线性回归用回归方程描述一个因变量与多个自变量的依存关系。使用这种统计方法首先以"产品态度"为因变量检验假设 H1、假设 H2、假设 H3 和假设 H4。具体步骤为：第一步，放入控制变量，尽量消除一些干扰项所带来的影响；第二步，将自变量和调节变量放入回归方程；第三步，将自变量与调节变量的乘积项放入回归方程。然后利用 R^2、F 检验调节变量是否对自变量与因变量之间的关系产生调节作用，从而检验本书的研究假设。值得一提的是，在做层次回归分析之前，需要对参加回归分析的变量做中心化或者标准化处理再做乘积。指标中心化或者标准化处理是调节效应建模的一个必要步骤。指标中心化或者标准化处理既减少了多重共线性问题，又简化了模型，本书对变量进行的是标准化处理。表 5-14 显示了此次多重线性回归的结果。

表 5-14　　　　　　　　主效应与调节效应的回归结果

变量	因变量：产品态度					
	模型 1		模型 2（主效应）		模型 3（调节效应）	
	Estimate	P	Estimate	P	Estimate	P
性别	0.144	0.065	0.124	0.037	0.095	0.048
年龄	0.078	0.301	0.008	0.896	0.028	0.554
经验	-0.123	0.099	-0.046	0.412	-0.102	0.027
频率	-0.144	0.061	-0.105	0.073	-0.070	0.138
论据质量			0.448	0.000	0.515	0.000
店铺声誉			0.317	0.000	0.283	0.000
制度信任			-0.016	0.771	-0.014	0.764
论据质量×制度信任					0.456	0.000
店铺声誉×制度信任					-0.120	0.010

续表

变量	因变量：产品态度					
	模型 1		模型 2（主效应）		模型 3（调节效应）	
	Estimate	P	Estimate	P	Estimate	P
R^2	0.048		0.465		0.659	
Adj. R^2	0.028		0.445		0.642	
F	2.347		22.734		38.824	

表 5-14 显示了论据质量、店铺声誉对产品态度的影响，以及制度信任的调节作用的层次分析结果。模型 1 是控制变量的回归分析结果，目的是尽量消除一些干扰项所带来的影响。此处模型 1 消除了实验参与者的性别、年龄、网络购物经验以及网络购物频率对实验结果带来的影响。模型 2 是加入论据质量、店铺声誉和制度信任的回归分析结果，其中，$R^2 = 0.465$；$\Delta R^2 = 0.445$。这表明，在控制人口学变量后，模型的解释率上升了 44.5%，即论据质量、店铺声誉和制度信任这三个变量可以解释资产的 44.5%，$F = 22.734$，且在 0.001 水平上显著。这说明，回归模型从整体上看是有效的，论据质量、店铺声誉和制度信任三个变量中至少有一个自变量对产品态度有显著影响。

根据模型 2 的结果可知，论据质量的标准化回归系数是 0.448，且在 0.001 水平上显著；店铺声誉的标准化回归系数是 0.317，且在 0.001 水平上显著；制度信任的标准化回归系数是 -0.016，且对应的 P 值大于 0.05。这说明，论据质量和店铺声誉对产品态度有显著的正向影响；制度信任对产品态度没有显著影响。假设 H1、假设 H2 得到验证。

模型 3 是加入交互项之后的结果，其中，$R^2 = 0.659$；$\Delta R^2 = 0.197$（$\Delta R^2 = 0.642 - 0.445$）。这表明，在模型 2 的基础上加入交互项后，模型的解释率上升了 19.7%。$F = 38.824$，且在 0.001 水平上显著。这说明，回归模型从整体上看是有效的，在态度改变的中心路线和边缘路线中，制度信任至少对其中的一条路线的调节作用是显著的。根据模型 3 的结果可知，制度信任和论据质量交互项的标准化回归系数是 0.456，且在 0.001 水平上显著。这说明，制度信任和论据质量的交互项对产品态度是有显著的负向影响。也就是说，被试者心目中制度信任水平越高，论据质量对产品态度的影响越显著；被试者心目中制度信任水平越低，论据质量对产品态度的影响越不显著。如图 5-3 所示，假设 H3a 和假设 H3b 得到验证。

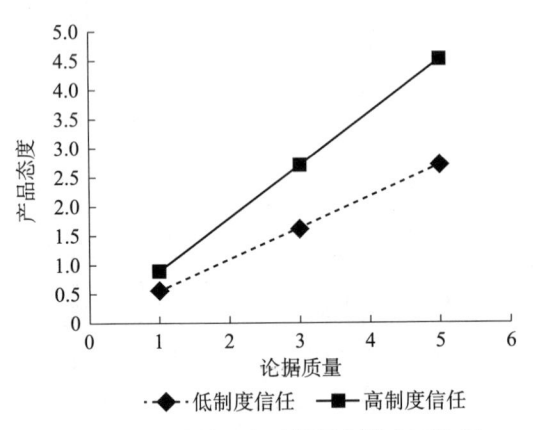

图 5-3　制度信任与论据质量的交互作用

然而，由模型 3 的结果可知，制度信任和店铺声誉交互项的标准化回归系数是 -0.120，且在 0.01 水平上显著。这说明，被试者心目中制度信任水平越高，店铺声誉对产品态度的影响越不显著；被试者心目中制度信任水平越低，店铺声誉对产品态度的影响越显著。如图 5-4 所示，该情况与假设 H4a 和假设 H4b 正好相反，假设 H4a 和假设 H4b 未得到验证。

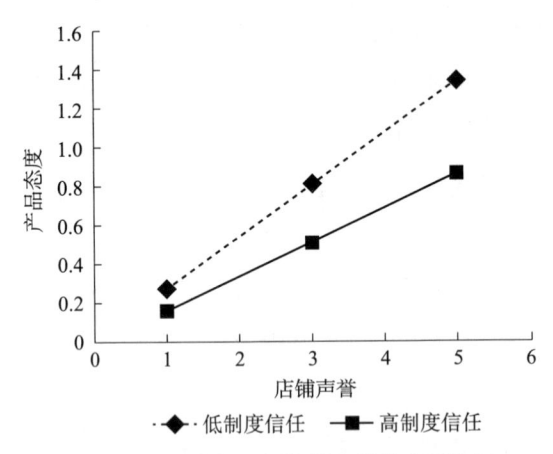

图 5-4　制度信任与店铺声誉的交互作用

（二）中介效应检验

假设 H5 同样通过多重线性回归分析进行验证。研究者以"购买意愿"为因变量并通过多重线性回归检验"产品态度"的中介作用。具体操作为：模型1放入控制变量，尽量消除一些干扰项所带来的影响；模型2在模型1的基础上将论据质量放入回归方程，检验论据质量的主效应；模型3在模型2的基础上，将产品态度放入回归方程，检验产品态度的中介作用；模型4在模型1的基础上将店铺声誉放入回归方程，检验店铺声誉的主效应；模型5在模型3的基础上将产品态度放入回归方程，检验产品态度的中介作用。

中介效应回归结果如表5-15所示。

表5-15　　　　　　　　　　中介效应回归结果

变量	因变量：购买意愿				
	模型1	模型2	模型3	模型4	模型5
性别	0.124	0.136	0.057	0.080	0.029
年龄	0.108	0.070	0.053	0.050	0.044
经验	-0.131	-0.084	-0.050	-0.079	-0.045
频率	-0.035	-0.041	0.034	0.028	0.067
论据质量		0.521**	0.229**		
店铺声誉				0.457**	0.171*
产品态度			0.496**		0.546**
R^2	0.033	0.301	0.451	0.232	0.438
Adj. R^2	0.012	0.282	0.433	0.211	0.419
F	1.580	15.896	25.167	11.166	23.879

注：* $p<0.05$，** $p<0.01$。

根据表5-15中的结果，回归方程中加入论据质量后，模型的解释率上升了27%〔$\Delta R^2 = 0.282 - 0.012$）〕，F = 15.896，且在0.01水平上显著。对比模型2和模型3的结果可知，在模型2上加入讨论产品态度后，模型的解释率上升了15.1%（$\Delta R^2 = 0.433 - 0.282$），F = 25.167，且在0.01水平上显著。此外，引入产品态度后，论据质量的标准化回归系数由0.521下降为0.229；而产品态度的标准化回归系数为0.496，且在0.01水平上显著。这说明，论据质量对购买意愿的正向影响通过影响产品态度得以实现，产品态度在论据质量对购买意愿的影响机制中起中介作用。

根据模型4的结果，回归方程中加入店铺声誉后，模型的解释率上升了

19.9%〔$\Delta R^2 = 0.211 - 0.012$）〕，$F = 11.116$，且在 0.01 水平上显著。对比模型 4 和模型 5 的结果可知，模型 5 在模型 4 的基础上加入讨论产品态度后，模型的解释率上升了 20.8%（$\Delta R^2 = 0.419 - 0.211$），$F = 23.876$。此外，引入产品态度后，店铺声誉吸引的标准化回归系数由 0.457 下降为 0.171，而产品态度的标准化回归系数为 0.546，且在 0.01 水平上显著。这说明，店铺声誉对购买意愿的正向影响有一部分通过影响产品态度得以实现，产品态度在店铺声誉对购买意愿的影响机制中起中介作用。基于以上讨论，假设 H5 得到验证。

二、PROCESS 分析

为了从整体上验证本章带有调节的中介模型的有效性，且进一步分析中介作用的显著性和效应值并验证假设 H5，本书执行了海斯（Hayes，2013）的 PROCESS 3.0 程序。执行 PROCESS 中的模型 7 后，结果如表 5-16 和表 5-17 所示。根据表 5-16 可知，中心路线的调节中介模型效应系数为 0.237，95% 置信区间不包含 0，说明被试者的制度信任水平对论据质量与消费者产品态度之间关系的正向调节作用显著（Effect = 0.237，SE = 0.059，95% CI = ［0.127，0.358］），假设 H3 得到验证。而边缘路线的调节中介模型效应系数的 95% 置信区间包含 0，说明被试者的制度信任水平对图片信任与消费者产品态度之间关系的正向调节作用不显著（Effect = -0.001，SE = 0.069，95% CI = ［-0.132，0.141］），因而假设 H4 不成立。

表 5-16　　　　　有调节的中介效应的 Bootstrap 检验

路线	说服路径	IBT value	Effect	BootSE	Boot95% CI	
					BootLLCI	BootULCI
中心路线	AQ 对 PI 的影响		0.190	0.056	0.079	0.300
	调节中介效应		0.237	0.059	0.127	0.358
		-0.584	0.128	0.053	0.054	0.234
	PA 在 AQ 与 PI 之间的中介作用	0.166	0.358	0.060	0.242	0.476
		0.666	0.549	0.120	0.309	0.788

续表

路线	说服路径	IBT value	Effect	BootSE	Boot95% CI	
					BootLLCI	BootULCI
边缘路线	IA 对 PI 的影响		0.130	0.050	0.032	0.228
	调节中介效应		-0.001	0.069	-0.132	0.141
	PA 在 IA 与 PI 之间的中介作用	-0.584	0.186	0.059	0.099	0.330
		0.166	0.241	0.046	0.161	0.339
		0.666	0.276	0.076	0.140	0.435

如表 5-17 所示,论据质量对购买意愿的直接效应系数为 0.190,95% 置信区间不包含 0,说明论据质量对购买意愿有直接影响(Effect = 0.190,SE = 0.057,95% CI = [0.078,0.303])。此外,论据质量通过产品态度对购买意愿的间接效应系数为 0.243,且 95% 置信区间不包含 0,说明论据质量通过产品态度对购买意愿产生了影响(Effect = 0.243,SE = 0.063,95% CI = [0.126,0.369])。对于态度说服的中心路线而言,假设 H5 得到验证,且产品态度在论据质量对购买意愿的影响机制中起部分中介作用。此外,店铺声誉对购买意愿的直接效应系数为 0.130,95% 置信区间不包含 0,说明论据质量对购买意愿存在直接影响(Effect = 0.130,SE = 0.050,95% CI = [0.030,0.229])。店铺声誉通过产品态度对购买意愿的间接效应系数为 0.217,且 95% 置信区间不包含 0,说明产品态度对店铺声誉与消费者购买意愿之间关系的中介效应显著(Effect = 0.217,SE = 0.042,95% CI = [0.140,0.304])。即对于态度说服的边缘路线而言,假设 H5 得到验证,且产品态度在店铺声誉对购买意愿的影响机制中起部分中介作用。

表 5-17 中介效应量检验

说服路径	效应类型	效应量	标准误	95% 置信区间
AQ 对 PI 的影响	直接效应	0.190	0.057	[0.078,0.303]
	中介效应	0.243	0.063	[0.126,0.369]
IA 对 PI 的影响	直接效应	0.130	0.050	[0.030,0.229]
	中介效应	0.217	0.042	[0.140,0.304]

第五节 本章小结

一、研究结果

本章的实验结果为理解消费者电子商务信任中"制度信任"维度在电商商务网站信息说服机制中的作用做出了一定的理论贡献。具体而言,本章实验主要有以下发现。

首先,无论消费者心目中制度信任的水平如何,电子商务网站中的论据质量和网站声誉对消费者心目中的产品态度均有显著的积极影响。此外,这种积极的影响会通过产品态度正向影响消费者的购买意愿。也就是说,当电子商务网站中的论据质量越高,消费者心目中的产品态度就越正向,消费者的购买意愿也越强。同样,当电子商务网站的店铺声誉越高,消费者的购买意愿也越强。

其次,消费者心目中的制度信任水平对消费者对电子商务网站中论据质量及网站店铺声誉的加工起到调节作用。具体而言,当消费者心目中制度信任越高时,电子商务网站使用高质量论据所造成的产品态度越显著高于使用低质量论据。当消费者心目中制度信任越低时,电子商务网站使用高质量论据和使用低质量论据所造成的产品态度上的差异性降低。而当消费者心目中制度信任越高时,高电子商务网站店铺声誉与低电子商务网站店铺声誉所造成的消费者产品态度并没有显著区别。当消费者心目中制度信任越低时,高电子商务网站店铺声誉对消费者产品态度的正向影响要显著高于低电子商务网站店铺声誉。

二、研究启示

本章的实验结果无论在理论上还是实践上,都有一定的启示性。具体而言,本章实验结果在理论和实践上带来以下启示。

(一) 理论启示

就精细加工可能性模型在新媒体视域下的理论框架完善而言，消费者对电子商务的制度信任很可能是一个以往研究并没有讨论过的且能够通过影响个体精细加工可能性从而影响个体态度的变量。更重要的是，与消费者的个人信任倾向不同，消费者的制度信任不仅对论据质量这条中心路线起到调节作用，对于店铺声誉这条边缘路线也起到调节作用。值得一提的是，消费者对电子商务的制度信任与精细加工可能性模型中被研究者反复提到的重要调节变量"卷入度"起着相同的调节作用。即消费者心目中制度信任水平能够在电子商务网站的论据质量及消费者产品态度之间起到正向调节作用，且在电子商务网站店铺声誉及消费者产品态度之间起到负向调节作用。这说明，当消费者心目中电子商务制度信任高时，个体更倾向于仔细地加工电子商务网站中的论据质量。此时，电子商务网站中论据质量的高低在消费者仔细地加工和评估中，差别更为突出。由此，论据质量对产品态度的影响机制得到调节。当消费者心目中电子商务制度信任低时，消费者更容易被店铺声誉一类的边缘线索影响。这一发现对于将传统态度说服模型应用于新媒体环境有相当的理论意义，丰富和完善了传统媒介时代提出的精细加工可能性模型在新媒体时代的理论框架。

(二) 实践启示

1. 与第四章的实验结果一样，论据质量的重要性再次得到验证，即论据质量对产品态度的正向影响显著，并通过产品态度正向影响消费者的购买意愿。因此，对于电子商务从业者而言，商品本身的质量和性能依旧是电子商务运营过程中的重中之重。

2. 本章的实验结果证明，电子商务网站的店铺声誉对消费者的产品态度具有显著的正向影响。因此，电子商务从业者在运营电子商务网站时应注重店铺声誉的提高。本章实验参考了阿里巴巴集团旗下淘宝和天猫网站的"店铺印象"部分的截图来体现电子商务网站的店铺声誉。该店铺声誉体系包括"几星几钻"、粉丝数、店铺好评率（描述相符好评率及其与同行的比较、服务态度好评率及其与同行的比较、物流服务好评率及其与同行的比较)、店铺开店时间及注资金额等信息。实际操作中,电子商务运营者可以深入研究各大电子商务平台的声誉评价系统,以制定最佳的提升店铺声誉策略。

3. 本章实验的结果验证了消费者心目中制度信任对论据质量和边缘线索的调节作用,该结果对于电子商务从业者具有一定的启示。一方面,电子商务运营商可以依据大数据、人工智能等技术像测量消费者个人信任倾向那样测量消费者心目中电子商务制度信任水平,从而实现个性化电子商务网站的精准推送;另一方面,从整体上看,我国的电子商务环境和法律法规是不断完善的,消费者群体的整体制度信任水平呈上升趋势。因此,论据质量的重要性将逐渐超越边缘线索。电子商务从业者应该把握这一大的趋势。

(三) 研究展望

本章的实验以带有偏见的精细加工可能性模型为基础。根据该模型,消费者心目中的制度信任会激发带有偏见的精细加工。当消费者心目中制度信任高时,边缘线索因能够支持消费者原有的观点而对产品态度起到更积极的作用。因此,制度信任在边缘线索与产品态度之间起到正向的调节作用。然而,该调节作用在本章实验中并没有得到验证。相反,制度信任在边缘线索和产品态度间起到和"卷入度"一样的负向调节作用。考虑到这样的结果,今后的研究可以进一步探究究竟是制度信任只影响个体的精细加工可能性、并未激发带有偏见的精细加工,还是因为边缘线索"店铺声誉"太过特殊。

第六章 消费者信任信念在电子商务信息说服机制中的作用

第一节 实验模型

本章的内容主要讨论消费者的信任信念在电子商务网站信息说服机制中所起的中介作用，即验证各类说服线索能否通过消费者的信任信念影响消费者的购买意愿。具体研究假设及实验模型如下。

一、研究假设

（一）论据质量对消费者信任信念及购买意愿的影响

在精细加工可能性模型（ELM）中，论据质量指论据本身的价值，以及其引起的个体在思考层面的效价（巴特拉和斯塔曼，1990；克拉克等，2013）。周涛（2012）曾指出，电子商务中的论据质量在一定程度上反映了信息的相关性、充分性、准确性和通用性。文春英等（2013）的研究结果同样表明，在淘宝服装类网店中，87%的女装销售文本详细描述，展示了产品基本信息和特征。目前的研究中，高质量的论据能够通过帮助网上购物的消费者形成有关商品的全面认知，从而促使网上购物的消费者产生相对积极的态度和行为意愿（塞特纳等，2017；陈晓红和曾平，2016；张蓓和林家宝，2015）。除了被已有研究证实的消费者态度和行为意愿以外，有研究者进一步开始探索电子商务网站中的论据质量是否会对其他变量产生影响。例如，文春英等（2013）认为，电子商务网站中提供与商品本身有关的信息能够提升消费者对该网站的信任水平。然而这项结论目前尚无实证研究对其进行证实。虽然已有不少研究表明，产品的中心线索能够影响消费者的购买意愿（冯建英，2006），但其能否影响消费者对网站的信任水平还需要进一步的实证检验。根据麦克奈特（2002）对消费者电子商务初始信任的定义，文春英等（2013）研究中提到的对网站的信任水平与"信任信念"概念相同，即消费者对某一特定网站的信任情况（廖以臣和刘意，2009）。基于以上论证，本章提出以下假设。

假设H1a：在电子商务中，网站中的论据质量正向影响消费者的信任信念。即，论据质量越高，消费者心目中该店铺的信任信念就越高。

假设H1b：在电子商务中，网站中的论据质量正向影响消费者的购买意愿。即，论据质量越高，消费者购买意愿越高

（二）商品评分对消费者信任信念及购买意愿的影响

在电子商务发展进程中，网络口碑的出现意义深远。传统意义上的口碑（word-of-mouth）是一种非商业盈利性的无偿性信息交流，体现人们对产品、品牌、服务、价格以及质量等方面的意见（Arndt，1967）。网络技术出现后，口碑的传递实现了以在线交流的方式进行传播。消费者们可以在网络平台上对商品和服务进行店铺和经验分享，从而形成了"网络口碑"（e-word-of-mouth）（Henning-Thurau et al.，2004）。网络口碑是消费者获取产品信息的途径之一，与其他的媒介信息一样，其影响力取决于消费者个体的感知差异，但又受到网络媒介的影响（毕继东，2009）。电子商务中的网络口碑维度多样，包括数量、评分值、在线评论、评价人等级等。早期关于网络口碑的研究仅从口碑一至两个维度（数量、评分值）进行分析（Clemons et al.，2006；Cui et al.，2012）。后续随着人工智能和计算机文本挖掘基础的成熟，越来越多的学者开始关注于口碑中海量在线评论内容所传递出的信息（曾慧等，2018）。考虑到本章将使用问卷调查的方法对说服线索与消费者信任信念、购买意愿的关系进行检验，本章选择"商品评分"这一能够结构化的数据进行研究。

以往有关电子商务中"商品评分"的研究集中于哪些因素会对消费者的评

分产生影响以及消费者的评分会产生哪些影响。其中,以后者的研究成果居多。在研究哪些因素会对评分产生影响方面,例如,陈素白等(2016)的研究证实了铆钉效应会影响口碑评分,并基于此为电子商务提供了网站优化改进和营销策略建议。在商品评分本身会产生的影响方面,例如,郝媛媛(2010)证实了网上的评分信息会影响消费者的观影行为。还有研究者通过建模分析发现,消费者评论最高评分值与口碑离散度对啤酒销售效果显著(Clemons et al., 2006)。还有一些研究者则从期望理论角度验证网络负面评分带来的损失大于收益(Lee et al., 2008)。由此,本书提出以下假设。

假设 H2a:在电子商务中,商品评分正向影响消费者的信任信念。即,商品评分越高,消费者心目中该店铺的信任信念就越高。

假设 H2b:在电子商务中,商品评分正向影响消费者的购买意愿。即,商品评分越高,消费者购买意愿越高。

(三)店铺声誉对消费者信任信念及购买意愿的影响

信息源理论与在精细加工可能性模型相结合的研究中,信源是能够导致个体态度改变的重要线索之一。其中,信源的可信度直接影响受众对信息的接受程度(Petty & Cacioppo, 1986)。电子商务领域的研究者从此角度出发,认为电子商务网站中的店铺声誉作用机制与信息源类似,也会对消费者的购买决策产生影响(Walczuch, 2004)。在电子商务中,交易的时空分离性使声誉在电商交易过程中尤为重要。声誉是消费者识别卖家的重要因素,可以很好地降低风险,并在电商购物情境下提高消费者购买意愿(汪旭晖等,2019)。鲁耀斌(2005)在研究电子商务中的店铺声誉是通过何种方式影响消费者的购买意愿时指出,店铺声誉可能是通过使消费者对该店铺信任产生特定的信任感,从而提升消费者的购买意愿。因为在消费者的初始信任建立阶段,消费者由于没有在特定网站中进行交易的经历而无法判断特定网站的可信度。正如耶尔文佩(2000)研究中所指出的,良好的店铺声誉从某种程度上能够传递给消费者该网站不会贸然去从事机会主义行为的信息,因而消费者往往更信任拥有良好信誉的商家。根据前面的文献和定义梳理,鲁耀斌(2005)研究中提出的对特定店铺的信任感就是本书中"信任信念"的概念,即消费者对特定电子商务网站可信度的感知(Mcknight et al.,2002)。由此,我们提出店铺声誉会对消费者信任信念产生积极影响的假设 H3a。

假设 H3a:在电子商务中,消费者所感知的店铺声誉正向影响消费者的信任信念。即,消费者所感知的店铺声誉越高,消费者心目中该店铺的信任信念就越高。

消费者心目中的店铺声誉除对该店铺的信任信念可能会产生影响外,对消费者的购买意愿是否会产生直接影响也是本章想要研究的问题之一。参照目前已有的研究结果来看,消费者心目中的店铺声誉被证实能够对商品的成交量(Levin,2005)以及成交价格(Livingston,2005)产生直接影响。本书照此逻辑提出了消费者心目中店铺声誉可能对消费者购买意愿产生积极影响的假设 H3b。

假设 H3b:在电子商务中,消费者所感知的店铺声誉正向影响消费者的购买意愿。即,消费者所感知的店铺声誉越高,消费者购买意愿越高。

(四)支持服务对消费者信任信念及购买意愿的影响

随着电子商务的发展,电子商务网站的成功从主要依靠低廉售价和网页设计逐渐转向以提供优质服务(e-service)为向导(王海,2009)。从已有研究来看,"e-service"的概念十分广泛,包括服务商品(service product)、服务的环境(service environment)和服务的传递(service delivery)等(Rust,2002)。其中,支持性服务的重要性在目前的研究中日益凸显,它被认为是利用 IT 技术提供支持核心产品或者服务的另一项服务内容(森菲泰利,2008)。也就是说,支持性服务指电子商务卖家提供的额外服务功能,例如特定时间段内保修、特定时间段内无条件退换、正品保证等。森菲泰利(2008)认为,支持性服务一方面吸引了消费者的目光,提高了商家的服务质量进而影响消费者的购买决策;另一方面又增加了消费者对该网站的在线信任,由此提出以下假设。

假设 H4a:在电子商务中,网站提供的支持性服务正向影响消费者的信任信念。即,网站提供的支持性服务越多,消费者心目中该店铺的信任信念就越高。

假设 H4b:在电子商务中,网站提供的支持性服务正向影响消费者的购买意愿。即,网站提供的支持性服务越多,消费者购买意愿越高。

（五）网站设计对消费者信任信念及购买意愿的影响

在电子商务的"注意力经济"时代，电子商务网页的设计风格及网页的视觉效果都是影响消费者购买意愿及满意程度的重要因素（桑烽燕，2012）。视觉设计有时也被称作审美设计（崔莉，2007）、视觉传达设计（翟翔，2007）以及界面视觉元素设计（陈敏宁，2008）等，本书借鉴以往研究者对图像设计的定义，将视觉设计定义为卖家对能给消费者第一印象造成影响的网站视觉元素的优化和组合（Ye Diana Wang，2005）。研究者们在电子商务出现之时便已经发现，消费者更喜欢界面显示清晰而且浏览信息容易的零售网站，这些零售网站都是有效率、使用方便的网页设计（Mecord，1995；Eighmey，1997）。随后，研究者们通过实证研究陆续证实了电子商务网站的访问量和销售额受到网页设计的正向影响（Lohse，1999）。例如，唐益军（1999）发现，合理的目录层次结构和导航方法能够促进消费者的购买。安德鲁（Andrew，2004）验证了精美的图片、突出的造型对消费者光顾意愿存在着显著的正向印象。因此，有研究者认为，当消费者在最初的浏览阶段时，如果对某网站的页面感到满意，他们将倾向于选择在该网站购物；如果某网站页面的公布的信息比较详细，或提供了一些促销项目，消费者将很少再去其他网站搜索商品（即使其他网页会有更多的促销或激励）（Hoffilan，1999）。后期有关电子商务网站设计的研究开始倾向于分析以上因素是如何影响消费者的行为意愿的。李国鑫等（2012）基于 TAM 模型指出网站设计能够通过感知易用性对消费者的购买决策产生重要影响，因而在线销售网站应该提供给消费者简单易学的购物操作方式，提供浏览指南、确保文字通俗易懂、更多地采用图案和标志、坚持统一元素和色彩布局等，以帮助消费者迅速融入交互界面。田博等（2008）则认为，好的网站设计能够提高消费者对该电子商务网站的在线信任水平。基于以上研究成果与论证，本书提出假设 H5a 与 H5b。

假设 H5a：在电子商务中，网站设计正向影响消费者的信任信念。即，消费者认为网站设计得越好，消费者心目中该店铺的信任信念就越高。

假设 H5b：在电子商务中，网站设计正向影响消费者的购买意愿。即，消费者认为网站设计得越好，消费者购买意愿越高。

（六）网站规模对消费者信任信念及购买意愿的影响

在传统商务中，商店规模被证实可以正向影响消费者对该商店的信任程度（Doney & Cannon，1997）。虽然此处的商店规模是消费者心目中对该商店规模的主观感知，而不是销售量等商店的实际规模（Jarvenpaa et al.，1999），但其依旧被信任方认为是被信任方值得信任的信号（Doney & Cannon，1997）。因为大的规模一方面意味着该公司具备必要的专业知识和资源来提供支持客户和技术服务等系统（Chin，1998）；另一方面意味着表示商店能够承担产品故障的风险，并对买方进行相应的赔偿（Phung et al.，2010），还意味着商店已经拥有许多与其他买家成功开展业务的经历（Koufaris & Hampton Sosa，2004），以及大规模商家能够控制他们的供应商，再次增加对供应商的认知产品或服务的可靠性和可信度（Jarvenpaa et al.，1999）。同样，在电子商务中，网店规模由网店中产品种类和产品数量决定。消费者通常认为，卖家经营规模大则意味着其经营状况良好、资金实力雄厚且具有较长时间的经营经验，他们相信这样的卖家具有足够为他们提供所需产品和服务的能力。消费者通常还认为，规模大的卖家往往注重投资其品牌和声誉，当交易中出现问题时，卖家有主动进行合理赔付的意愿和能力，因此，在规模大的网店购买可降低买方的感知风险（韩玮，2013）。有关电子商务中网站规模与消费者初始信任关系的研究中，邵兵家（2006）通过对影响中国消费者对在线公司信任的因素的实证研究，发现网站规模与品牌是最重要的因素之一，并提出公司应该在安全技术及政策、规模以及知名度等方面采取措施来提高消费者对在线公司的信任度。此外，库法里斯（Koufaris，2004）和卢锋华（2005）等的研究均证实了网站规模对消费者初始信任的影响。虽然以上研究并未详细论证消费者的"初始信任"究竟是电子商务信任中哪一个维度的信任，但根据邵兵家（2006）等的论述，其概念与本书中的"信任信念"接近，即消费者心目中特定电子商务卖家的可信度。本书由此推测，电子商务中网站规模不仅如已有研究成果证实的那样正向影响消费者的信任信念，也会对消费者的购买意愿产生积极正向的影响。基于以上研究成果与论证，本书提出假设 H6a 与 H6b。

假设 H6a：在电子商务中，网站规模正向影响消费者的信任信念。即，消费者认为网站规模得越大，消费者心目中该店铺的信任信念就越高。

假设 H6b：在电子商务中，网站规模正向影响消费者的购买意愿。即，消费者认为网站规模得越大，消费者购买意愿越高。

（七）信任信念对消费者购买意愿的影响

大量的实证研究表明，消费者对于电子商务的信任显著地影响消费者的购物决策（McKnight et al.，2002；Gefen，2003）。然而，目前部分研究成果虽然指出消费者的电子商务信任会积极正向地影响消费者的购买意愿，但并未明确阐述电子商务信任的何种维度会对消费者购买意愿产生直接影响（Festus et al.，2006）。由于消费者对于特定网络卖家的具体信任，即麦克奈特信任概念中的"信任信念"，属于电子商务信任中直接作用于消费者信任行为的概念（McKnight et al.，2002）。本书认为，消费者的信任信念将影响消费者的购买意向，由此提出以下假设。

假设 H7：在电子商务中，消费者的信任信念正向影响消费者的购买意愿。即，消费者信任信念越高，消费者购买意愿越高。

上述讨论已经对电子商务网站中各类说服线索对消费者信任信念的正向影响以及信任信念对消费者购买意愿的正向影响做出假设。由此，本书认为，信任信念或在电子商务网站各类说服线索对消费者购买意愿的影响中起中介作用。由此提出假设 H8a～8f。

假设 H8a：在信息质量正向影响消费者购买意愿的机制中，消费者信任信念起中介作用。

假设 H8b：在商品评分正向影响消费者购买意愿的机制中，消费者信任信念起中介作用。

假设 H8c：在店铺声誉正向影响消费者购买意愿的机制中，消费者信任信念起中介作用。

假设 H8d：在支持服务正向影响消费者购买意愿的机制中，消费者信任信念起中介作用。

假设 H8e：在网站设计正向影响消费者购买意愿的机制中，消费者信任信念起中介作用。

假设 H8f：在网站规模正向影响消费者购买意愿的机制中，消费者信任信念起中介作用。

二、研究模型

（一）假设总汇

本章的研究在理论分析的基础上提出了相应需要检验的假设，如表 6-1 所示。这些假设可以分为两大类验证性假设，是指这一假设已有学者做过研究，并获得了经验研究的证实探索性假设，是指这一假设没有其他学者提出过，或虽然有相关的理论研究，但没有经过检验研究的证实（杨静，2006；杨志蓉，2006）。

表 6-1　　　　　　　　　　研究假设汇总

路径	假设	假设内容
论据质量→信任信念	H1a	在电子商务中，网站中的论据质量正向影响消费者的信任信念。即，论据质量越高，消费者心目中该店铺的信任信念就越高
商品评分→信任信念	H2a	在电子商务中，商品评分正向影响消费者的信任信念。即，商品评分越高，消费者心目中该店铺的信任信念就越高
店铺声誉→信任信念	H3a	在电子商务中，消费者所感知的店铺声誉正向影响消费者的信任信念。即，消费者所感知的店铺声誉越高，消费者心目中该店铺的信任信念就越高
支持性服务→信任信念	H4a	在电子商务中，网站提供的支持性服务正向影响消费者的信任信念。即，网站提供的支持性服务越多，消费者心目中该店铺的信任信念就越高
网站设计→信任信念	H5a	在电子商务中，网站设计正向影响消费者的信任信念。即，消费者认为网站设计得越好，消费者心目中该店铺的信任信念就越高
网站规模→信任信念	H6a	在电子商务中，网站规模正向影响消费者的信任信念。即，消费者认为网站规模得越大，消费者心目中该店铺的信任信念就越高
论据质量→购买意愿	H1b	在电子商务中，网站中的论据质量正向影响消费者的购买意愿。即，论据质量越高，消费者购买意愿越高

续表

路径	假设	假设内容
商品评分→购买意愿	H2b	在电子商务中,商品评分正向影响消费者的购买意愿。即,商品评分越高,消费者购买意愿越高
店铺声誉→购买意愿	H3b	在电子商务中,消费者所感知的店铺声誉正向影响消费者的购买意愿。即,消费者所感知的店铺声誉越高,消费者购买意愿越高
支持性服务→购买意愿	H4b	在电子商务中,网站提供的支持性服务正向影响消费者的购买意愿。即,网站提供的支持性服务越多,消费者购买意愿越高
网站设计→购买意愿	H5b	在电子商务中,网站设计正向影响消费者的购买意愿。即,消费者认为网站设计得越好,消费者购买意愿越高
网站规模→购买意愿	H6b	在电子商务中,网站规模正向影响消费者的购买意愿。即,消费者认为网站规模得越大,消费者购买意愿越高
信任信念→购买意愿	H7	在电子商务中,消费者的信任信念正向影响消费者的购买意愿。即,消费者信任信念越高,消费者购买意愿越高
中介效应	H8a~8f	在信息质量、商品评分、店铺声誉、支持服务、网站设计、网站规模正向影响消费者购买意愿的机制中,消费者信任信念起中介作用

(二) 研究模型

根据上述假设,本章的研究模型如图 6-1 所示。

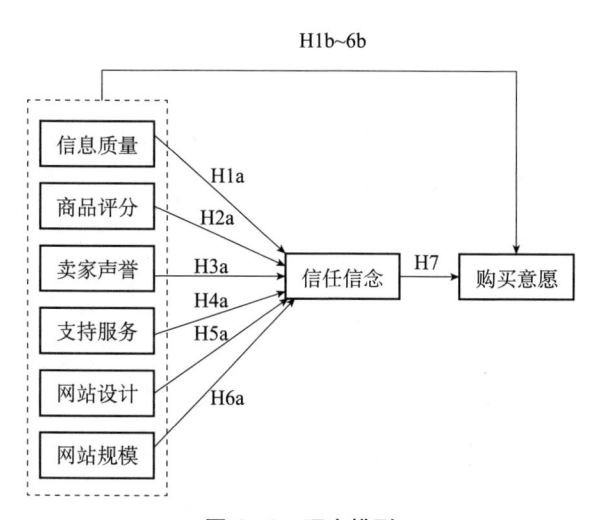

图 6-1 研究模型

第二节 研究问卷

本节在前述的概念模型和研究假设的基础上,进一步明确了研究模型中各变量的定义,并根据已有成熟量表制定了测量各变量的问卷题项。此外,本节详细介绍了问卷设计情况。

一、变量定义

对研究中所涉及的各个变量进行定义是科学研究的前提和基础。基于文献回顾,结合本章的研究思路,对各个变量的定义如下。

(一) 论据质量

论据质量指电子商务网站中与商品相关的信息本身的价值及其所引起的思想的效价(巴特拉和斯塔曼,1990;克拉克等,2013)。论据质量在一定程度上反映了信息的相关性、充分性、准确性和通用性(周涛,2012)。

(二) 商品评分

商品评分指电子商务网站中所提供的购买过该商品的所有消费者关于该商品的评分总合。一般情况下,该数据以5分为满分,计算方式为所有参与评分的消费者所给出的得分的平均数。

(三) 卖家声誉

卖家声誉是可以被看到且被视为特定对象的行动信号,例如网站的专业性和稳定性等,并可用以表示网站从业者过去在执行相关交易或交换活动的好坏,反映了公司在市场的注视下做得有多好。本书综合其他相关文献,将网站声誉定义为消费者所感知的网站是诚实的并有良好名声的程度。

（四）支持服务

支持性服务指电子商务卖家提供的额外服务功能，例如特定时间段内保修、特定时间段内无条件退换、正品保证等。

（五）网站设计

电子商务的网站视觉设计有时也被称作审美设计（崔莉，2007）、视觉传达设计（翟翔，2007）、界面视觉元素设计（陈敏宁，2008）等，本书借鉴以往研究者对图像设计的定义，将视觉设计定义为卖家对能给消费者第一印象造成影响的网站视觉元素的优化和组合（Ye Diana Wang，2005）。

（六）网站规模

网站规模指消费者心目中对该电子商务规模的主观感知，而不是销售量等商店的实际规模（Jarvenpaa et al.，1999）。

（七）信任信念

电子商务信任信念的概念指消费者心目中电子商务具体卖家可信度，即消费者对特定的电子商务卖家正直、能力和善意等方面值得依赖性的感知（McKnight et al.，2002）。该概念是根据迈耶（1995）所提出的"可信度"定义以及菲夫（2000）提出的测量信任的维度成果所得出。

（八）购买意愿

在消费者行为学中，购买意愿被认为是决策过程的一个环节，是指消费者有购买或者试图购买商品或服务的可能性，是了解购买者主观倾向的关键（Bagozzi & Burnkrant，1979）。我国学者普遍认同菲什拜因（1975）等提出的购买意愿定义，即顾客的购买意愿指顾客从事特定购买行为的主观概率。有学者在前人研究的基础上，指出购买意愿这种主观概率或者说可能性是由内在、外在因素共同作用构成的（Dodds et al.，1991）。综上所述，虽然学者们对购买意愿内涵的表述不完全相同，但普遍认为这是一种能够预测购买行为出现可能性的消费者心理活动。基于此，本书将购买意愿定义为"购买或者试图购买商品或服务的主观可能性"。

（九）消费者个人因素

消费者个人因素指消费者自身可能影响网络购物的特征等，本书所讨论的消费者个人因素包括消费者的性别、年龄、网络购物经验以及网络购物频率。

二、问卷题项

通过大量国内外文献的综述可以看到，在"网络信任"研究领域，很多变量维度的测量指标是众多学者一直在探讨和沿用的，具有较好的内部一致性，因此，本书也尽量采用国内外文献普遍采用过的测量指标。同时，结合本书的模型设计，笔者也对部分测量测量指标做了修改和调整。

消费者个人因素测量方面，性别是以男、女分类；由于调研对象为在校大学生，年龄是以大一、大二、大三及大四来分类；网络购物经验分为"少于1年""1~2年""2~5年""大于5年"；过去3个月的网络购物频率则分为"少于5次""5~10次""10~20次""大于20次"。

论据质量、商品评分、店铺声誉、支持服务、网站设计、网站规模、信任信念及购买意愿等变量的具体测量题项如表6-2所示。

表6-2　　　　　　　　　　　　调研量表

变量	题项	内容	来源
信息质量	IQ1	这个网站提供的有关商品的信息令人信服	Bhattacherjee & Sanford（2006）
	IQ2	我对这个网站提供的信息感到满意	
	IQ3	当我试图购买此类产品时，这个网站提供了足够的信息	
	IQ4	我认为这个网站提供了有关该商品的有用信息	
	IQ5	这个网站提供的信息是高质量的	

续表

变量	题项	内容	来源
商品评分	PS1	网站中的商品评分让我更方便做购物决策	Cyr et al.（2018）
	PS2	网站中的商品评分让我感觉购物更可靠	
	PS3	我更愿意在这种提供商品评分的网站购物	
店铺声誉	SR1	我很熟悉这个网站的名字	Jarvenpaa et al.（1999）
	SR2	这个网站拥有良好的声誉	
	SR3	这个网站很出名	
支持性服务	SS1	网站中的无忧退货等支持性服务让我购物更舒适	
	SS2	网站中的无忧退货等支持性服务让我感觉购物更安全	
	SS3	我更愿意在这种提供无忧退货等支持性服务的网站购物	
网站设计	WD1	我认为这个网页设计得十分美观	
	WD2	我认为该网站的色彩搭配合理	
	WD3	我认为该网站的布局合理，不会产生杂乱无章的感觉	
	WD4	我认为该网站的页面设计简洁大方	
网站规模	WS1	我感觉这个网站每天的成交用户较多	McKnight et al.（2002）
	WS2	我感觉这个网站每天的浏览量较大	
	WS3	我感觉这个网站的规模较大	
信任信念	TB1	这个网站值得信任	Angst and Agarwal（2009）
	TB2	这个网站给人它会信守承诺的印象	
	TB3	我认为这个网站会使消费者的利益最大化	New item
	TB4	我相信网站会合理使用我的信息	New item
	TB5	我认为这个网站有能力为他们的顾客提供好的服务或商品	
	TB6	我认为这个网站背后是一个专业的销售商	

续表

变量	题项	内容	来源
购买意愿	PI1	我很愿意考虑购买该网站提供的商品	Kim and Han（2014） Koo et al.（2014）
	PI2	当我需要这类商品时，我会来到这个网站购买	
	PI3	我对于购买该电子商务网站销售的产品很感兴趣	

三、问卷设计

本章的问卷调研共计划收集四组数据，首先邀请被试者浏览一张电子商务网站截屏图片；其次要求被试者根据自身真实感受对问卷问题进行作答。四个调研问卷分别包含天猫超市、好乐买电商平台、天猫平台中某品牌官方旗舰店、某淘宝店铺的截屏图片。问卷调研所选择的四个电子商务网站尽量在信息质量、网站设计、网站规模、支持服务、卖家声誉以及商店评分等维度上有所不同，且具有一定代表性。第一个是天猫超市销售某品牌湿纸巾的网站截图，图片包括产品信息、图片、商品评分、卖家（天猫超市）、支持性服务等信息。为避免产品品牌对消费者的影响，网站截屏中品牌信息被隐去。第二个是好乐买网站中某销售羽毛球拍的网站截图。好乐买（OkBuy）成立于2007年8月，由鲁明与李树斌联手创办，是中国最大正品鞋购物网站，经营范围包括男鞋、女鞋、童鞋、服装、包和配件等。好乐买现销售的品牌有150余家，款式超过1万个。该网站于2011年营业收入超过10亿元，但于2020年12月16日暂停了运营。此外，图片包括产品信息、图片、商品评分、卖家（好乐买）、支持性服务等信息。第三个是天猫集团下某品牌电子手环的官方旗舰店截图，图片包括产品信息、图片、商品评分、卖家（天猫官方旗舰店）、支持性服务等信息。同样为避免产品品牌对消费者的影响，网站截屏中店铺名称及产品名称部分涉及品牌名称的信息均被隐去。第四个是淘宝中某一销售浴巾的店铺网站截屏。图片包括产品信息、图片、商品评分、卖家（淘宝商家）、支持性服务等信息。产品品牌名称信息已被隐去。

第三节　数据分析

一、数据收集

本章调研数据的收集依托互联网问卷平台——问卷星。线上召集的被试者点开链接后完成问卷，研究者确认问卷填写有效后将通过问卷星平台向每位被试者发放5元现金红包。

二、样本特征

收集实验数据后，删除以下样本：（1）未完成所有题项的作答；（2）连续10道题项作答1、5或者其他数字；（3）作答时间短于实验者记录的快速浏览完整体问卷用时。删除无效数据后，本章的问卷最终获得有效样本300份。收集的样本数据再次证实了大学生是活跃的电子商务消费者：超过70%的被试者在过去3个月内网购5次以上，接近90%的被试者拥有一年以上的网络购物经验。样本的人口特征分布如表6-3所示。

表6-3　　　　　　　　　　样本特征分布

性别		男	108（36.0%）
		女	192（64.0%）
年级		大一	89（29.7%）
		大二	69（23.0%）
		大三	19（19.0%）
		大四	85（28.3%）

续表

网络购物经验	少于1年	31（10.3%）
	1~2年	49（16.3%）
	2~5年	151（50.3%）
	大于5年	69（23.0%）
过去3个月的网络购物频率	少于5次	82（27.3%）
	5~10次	125（41.7%）
	10~20次	65（21.7%）
	大于20次	28（9.3%）

三、信效度检验

在对本章的问卷题项进行两次正向翻译和反向翻译后，为了确保研究方法和研究结论的科学性与正确性，在验证本章的理论模型之前必须对收集的数据进行信度和效度的检验（李怀祖，2004）。与前面两章一样，本章使用克朗巴哈（Gronbach）的一致性系数用作信度分析，并通过探索性因子分析和验证性因子分析对问卷进行效度检验。其中，探索性因子分析通过操作 SPSS 进行，验证性因子分析通过操作 AMOS 进行。

（一）信度检验

本章的信任检验同样使用克朗巴哈（Gronbach）的一致性系数。运行 SPSS 后结果如表 6-4 所示，论据质量、商品评分、店铺声誉、支持性服务、网站设计、网站规模、信任信念和购买意愿等量表的内部一致性均超过了临界标准。所有潜变量的克朗巴哈值均大于 0.8，说明该问卷量表具有较好的信度。

表 6-4 问卷量表信度检验

变量	题项	项已删除的 Cronbach's Alpha 值	Cronbach's Alpha
信息质量	IQ1	0.917	0.936
	IQ2	0.928	
	IQ3	0.929	
	IQ4	0.915	
	IQ5	0.914	
商品评分	PS1	0.853	0.863
	PS2	0.772	
	PS3	0.794	
店铺声誉	SR1	0.924	0.945
	SR2	0.922	
	SR3	0.914	
支持性服务	SS1	0.917	0.917
	SS2	0.825	
	SS3	0.896	
网站设计	WD1	0.863	0.887
	WD2	0.874	
	WD3	0.849	
	WD4	0.832	
网站规模	WS1	0.820	0.868
	WS2	0.813	
	WS3	0.807	
信任信念	TB1	0.894	0.914
	TB2	0.890	
	TB3	0.899	
	TB4	0.905	
	TB5	0.896	
	TB6	0.909	
购买意愿	PI1	0.922	0.937
	PI2	0.909	
	PI3	0.894	

(二) 探索性因子分析

本章采用探索性因子分析来检验调查问卷中所有题项的效度。在查看因子分析结果前，首先需要确认获取的样本数据是否适合进行因子分析。运行 SPSS 的 KMO 和 Bartlett 球形检验，结果如表 6-5 所示。样本数据的 KMO 检验值为 0.933，大于 0.70 的可接受值，超过 0.80 的良好标准。该结果说明量表的题项间有共同因素存在，整体量表适合进行因子分析。Bartlett 的球形检验 X^2 值为 7725.458，自由度为 435，结果达到显著水平（p=0.000）。可拒绝虚无假设，即拒绝变量间的净相关矩阵不是单元矩阵的假设，接受净相关矩阵是单元矩阵的假设，代表总体的相关矩阵间有共同因素存在，适合进行因子分析。

表 6-5　　　　　　　　　　KMO 和 Bartlett 的检验

取样足够度的 Kaiser-Meyer-Olkin 度量		0.933
Bartlett 的球形度检验	近似卡方	7725.458
	df	435
	Sig.	0.000

图 6-2 是运用 SPSS25.0 对实验所获取的数据进行因子抽取后的碎石图。从图中可以看出，对应于第 2 个因子的点是折线的第一个转折点，对应于 3 个因子的点是折线的第二个转折点，对应于 8 个因子的点是折线的第三个转折点。

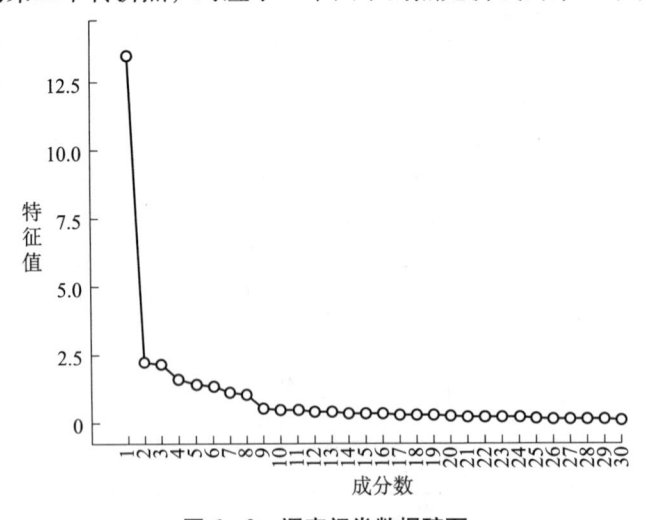

图 6-2　调查问卷数据碎石

表 6-6 显示了使用主成分分析法分析 30 个因子解释原始变量总方差的情况。第一列是按特征值大小排序的因子标号，在初始特征值之下的三列分别给出了相关系数矩阵的特征值、方差贡献率和累计方差贡献率。从表 6-6 中的结果可以看出，所提取的 8 个公共因子的特征值的累计贡献率有 80.85%。

表 6-6　　　　　　　　　解释的总方差

成分	初始特征值			提取平方和载入			旋转平方和载入		
	合计	方差的百分比(%)	累积百分比(%)	合计	方差的百分比(%)	累积百分比(%)	合计	方差的百分比(%)	累积百分比(%)
1	13.458	44.858	44.858	13.458	44.858	44.858	4.191	13.969	13.969
2	2.222	7.407	52.266	2.222	7.407	52.266	4.187	13.957	27.926
3	2.141	7.137	59.403	2.141	7.137	59.403	3.071	10.238	38.164
4	1.598	5.325	64.728	1.598	5.325	64.728	2.651	8.836	46.999
5	1.378	4.592	69.320	1.378	4.592	69.320	2.610	8.699	55.699
6	1.335	4.452	73.772	1.335	4.452	73.772	2.531	8.436	64.135
7	1.120	3.733	77.504	1.120	3.733	77.504	2.508	8.361	72.496
8	1.004	3.346	80.850	1.004	3.346	80.850	2.506	8.354	80.850
9	0.511	1.705	82.555						
10	0.485	1.618	84.173						
11	0.451	1.502	85.676						
12	0.389	1.297	86.972						
13	0.383	1.277	88.249						
14	0.345	1.149	89.398						
15	0.319	1.063	90.461						
16	0.315	1.050	91.511						
17	0.288	0.960	92.471						
18	0.268	0.894	93.365						
19	0.252	0.838	94.203						
20	0.232	0.772	94.975						
21	0.218	0.726	95.701						

续表

成分	初始特征值			提取平方和载入			旋转平方和载入		
	合计	方差的百分比（%）	累积百分比（%）	合计	方差的百分比（%）	累积百分比（%）	合计	方差的百分比（%）	累积百分比（%）
22	0.201	0.670	96.371						
23	0.186	0.620	96.991						
24	0.175	0.582	97.573						
25	0.156	0.519	98.092						
26	0.133	0.443	98.535						
27	0.128	0.428	98.963						
28	0.111	0.371	99.334						
29	0.111	0.370	99.704						
30	0.089	0.296	100.000						

注：提取方法为主成分分析法。

表6-7显示了使用主成分分析法，经过7次迭代后的因子载荷矩阵。如表6-7所示。本章所使用的调查问卷中，测量论据质量的五个题项的因子载荷均大于0.7，测量商品评分的三个题项因子载荷均大于0.8，测量卖家声誉的三个题项因子载荷均大于0.7，测量支持性服务的三个题项因子载荷均大于0.7，测量网站设计的四个题项因子载荷也均大于0.7，测量网站规模的三个题项因子载荷均大于0.7，测量信任信念的六个题项因子载荷均大于0.6，测量购买意愿的三个题项因子载荷均大于0.8。以上结果表明，各题项在解释对应潜变量的维度上因子载荷度较为优秀。

表6-7　　　　　　　　旋转后的因子载荷矩阵

项目	成分							
	1	2	3	4	5	6	7	8
信息质量1		0.804						
信息质量2		0.811						
信息质量3		0.731						
信息质量4		0.803						

第六章 消费者信任信念在电子商务信息说服机制中的作用

续表

项目	成分							
	1	2	3	4	5	6	7	8
信息质量 5		0.797						
商品评分 1							0.802	
商品评分 2							0.807	
商品评分 3							0.861	
卖家声誉 1					0.762			
卖家声誉 2					0.858			
卖家声誉 3					0.859			
支持服务 1								0.776
支持服务 2								0.836
支持服务 3								0.801
网站设计 1			0.704					
网站设计 2			0.779					
网站设计 3			0.801					
网站设计 4			0.748					
网站规模 1						0.761		
网站规模 2						0.797		
网站规模 3						0.827		
信任信念 1	0.693							
信任信念 2	0.715							
信任信念 3	0.742							
信任信念 4	0.719							
信任信念 5	0.751							
信任信念 6	0.642							
购买意愿 1				0.827				
购买意愿 2				0.841				
购买意愿 3				0.839				

注：提取方法为主成分分析法。旋转法为具有 Kaiser 标准化的正交旋转法。旋转在 7 次迭代后收敛。

(三) 验证性因子分析

本书使用因子载荷、组合信度（CR）Cronbach α 系数和平均变异萃取量（AVE）值评估测量模型的收敛效度。从表 6-8 可以看出，除了 TB1 和 TB6，所有测度项的因子载荷都超过了临界值 0.7；所有潜变量的 CR 值都高于临界值 0.7；所有潜变量的 Cronbach α 系数也都高于临界值 0.7；所有潜变量的 AVE 值都大于临界值 0.5。说明本章使用的量表具有良好的收敛效度。

表 6-8　　　　　　　　　　量表的信度和聚合效度

变量	题项	因子载荷	AVE	CR	Alpha value
信息质量	AQ1	0.804	0.624	0.892	0.936
	AQ2	0.811			
	AQ3	0.731			
	AQ4	0.803			
	AQ5	0.797			
商品评分	PS1	0.802	0.679	0.864	0.863
	PS2	0.807			
	PS3	0.861			
卖家声誉	SR1	0.762	0.685	0.867	0.945
	SR2	0.858			
	SR3	0.859			
支持性服务	SS1	0.776	0.648	0.846	0.917
	SS2	0.836			
	SS3	0.801			
网站设计	WD1	0.704	0.576	0.844	0.887
	WD2	0.779			
	WD3	0.801			
	WD4	0.748			
网站规模	WS1	0.761	0.633	0.838	0.868
	WS2	0.797			
	WS3	0.827			

续表

变量	题项	因子载荷	AVE	CR	Alpha value
信任信念	TB1	0.693	0.506	0.860	0.914
	TB2	0.715			
	TB3	0.742			
	TB4	0.719			
	TB5	0.751			
	TB6	0.642			
购买意愿	PI1	0.827	0.698	0.874	0.937
	PI2	0.841			
	PI3	0.839			

此外，如表6-9所示，所有潜变量的AVE值的平方根都高于它与其他潜变量之间的相关性系数，说明本测量模型具有良好的区分效度（Fornell & Larcker，1981；Gefen et al.，2000）。

表6-9　　　　　　　相关系数矩阵与AVE值的平方根

	AQ	PS	SR	SS	WD	WS	TB	PI
AQ	0.790							
PS	0.284**	0.824						
SR	0.439**	0.416**	0.828					
SS	0.506**	0.360**	0.470**	0.805				
WD	0.601**	0.437**	0.482**	0.446**	0.759			
WS	0.484**	0.280**	0.455**	0.531**	0.300**	0.796		
TB	0.591**	0.444**	0.598**	0.590**	0.577**	0.552**	0.711	
PI	0.518**	0.444**	0.407**	0.399**	0.487**	0.383**	0.562**	0.835
Mean	3.89	4.78	3.96	4.25	3.89	3.81	3.75	3.79
SD	1.34	1.43	1.69	1.42	1.42	1.37	1.23	1.34

注：矩阵斜对角线上的数值为每个潜变量的AVE平方根。PI表示购买意愿；TB表示信任信念；WS表示网站规模；WD表示网站设计；SS表示支持服务；SR表示店铺声誉；PS表示商品评分；AQ表示论据质量。
* 表示 $p<0.05$，** 表示 $p<0.01$，*** 表示 $p<0.001$。

第四节 假设验证

一、模型拟合度检验

首先运用结构方程软件 AMOS 24.0，并根据本章的研究假设以及研究模型建立初始模型，如图 6-3 所示。

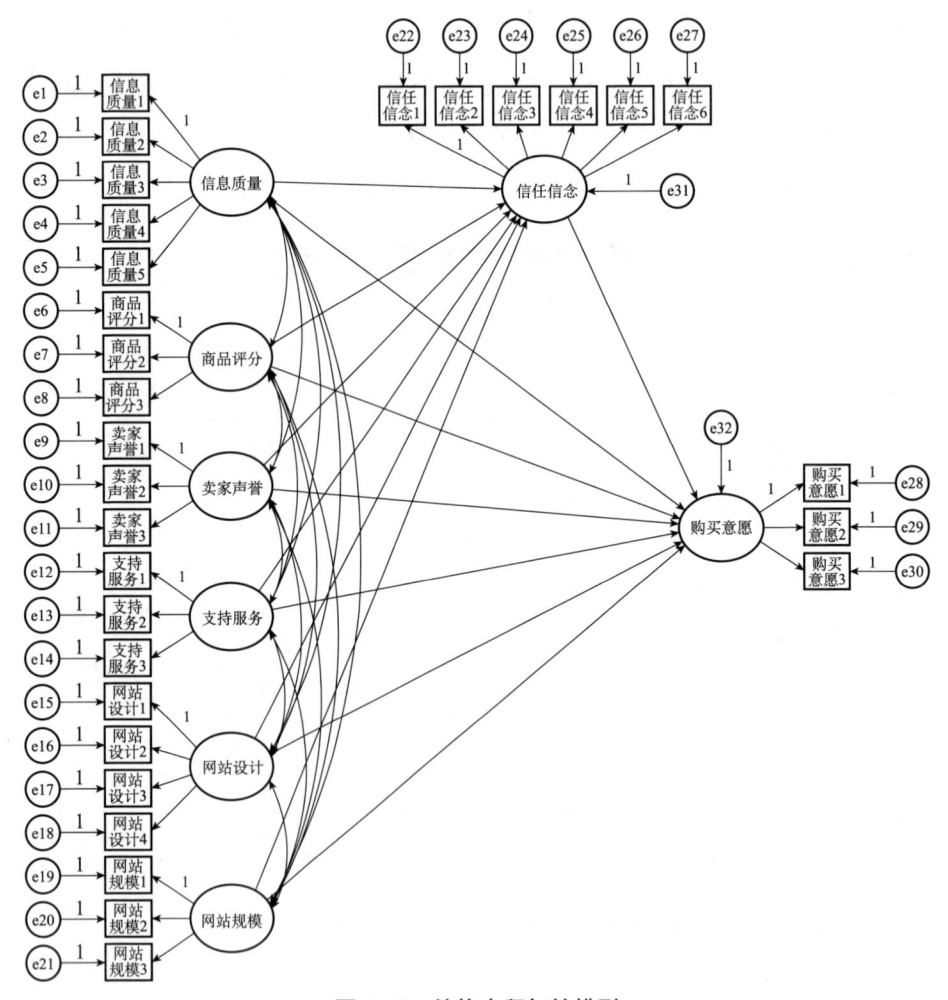

图 6-3 结构方程初始模型

其次通过 AMOS24.0 中的最大似然法执行计算，得到结构模型的路径，如图 6-4 所示。

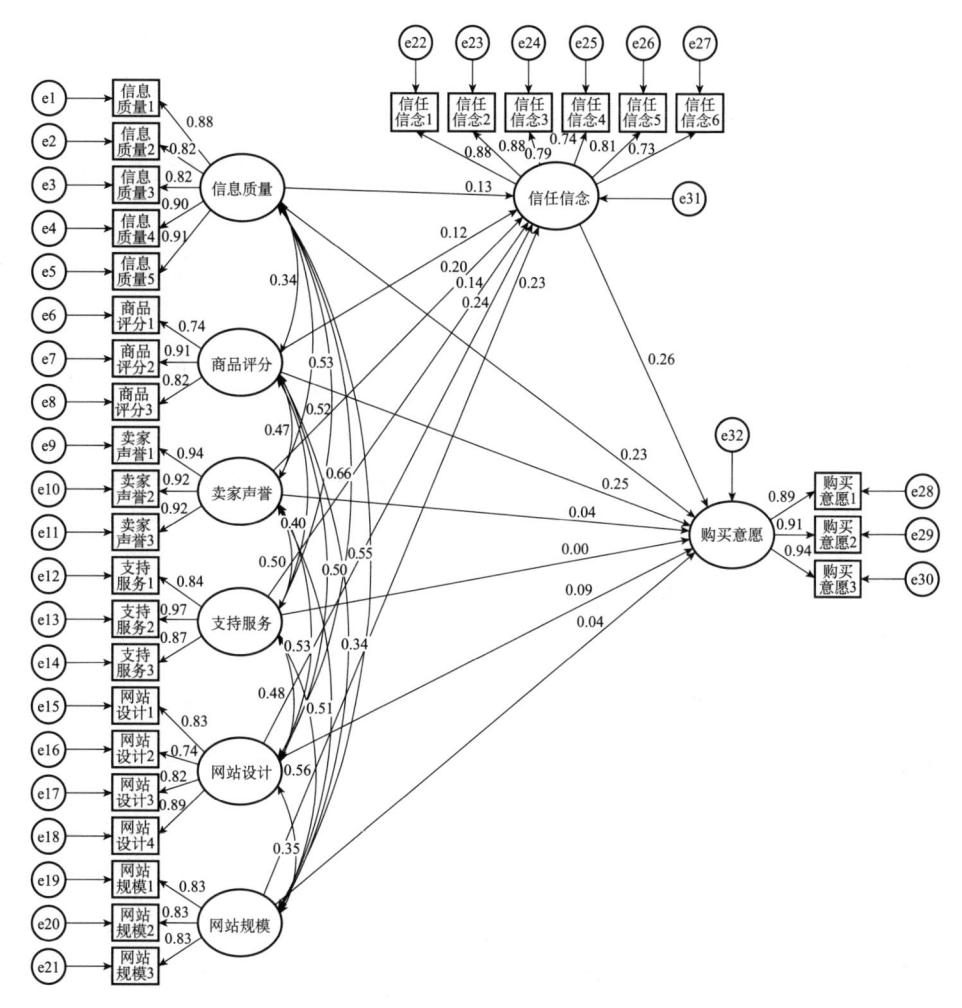

图 6-4　结构模型

该模型的拟合结果如表 6-10 所示，CMIN/DF 为 1.751，小于 3 以下标准；GFI 为 0.876，接近 0.9 的标准，在可接受范围；NFI、RFI、IFI、TLI、CFI 均达到 0.9 以上的标准；RMSEA 为 0.05，小于可接受值 0.08；SRMR 为 0.041，小于可接受值 0.08，符合标准。但综合以上指标来看，本章的理论模型有不错的配适度。

表 6 – 10　　　　　　　　　理论模型拟合度检验

拟合指标	推荐值	拟合结果
CMIN	—	660.122
DF	—	377
CMIN/DF	<3	1.751
SRMR	<0.08	0.041
GFI	>0.9	0.876
NFI	>0.9	0.918
RFI	>0.9	0.905
IFI	>0.9	0.963
TLI	>0.9	0.957
CFI	>0.9	0.963
RMSEA	<0.08	0.05

二、主效应假设检验

主效应假设检验结果如表 6 – 11 所示。电子商务网站中的信息质量对消费者的信任信念（$\beta=0.134$，$p<0.05$）具有显著正向影响，假设 H1a 成立。此外，电子商务网站中的信息质量对消费者的购买意愿（$\beta=0.238$，$p<0.05$）同样具有显著正向影响，假设 H1b 成立。电子商务网站中所显示的商品评分对消费者的信任信念（$\beta=0.121$，$p<0.05$）具有显著正向影响，假设 H2a 成立。电子商务网站中所显示的商品评分对消费者的购买意愿（$\beta=0.254$，$p<0.05$）具有显著正向影响，假设 H2b 成立。电子商务网站背后的卖家声誉对消费者信任信念（$\beta=0.204$，$p<0.05$）具有显著正向影响，假设 H3a 成立。然而，电子商务网站背后的卖家声誉对消费者购买意愿（$\beta=-0.039$，$p>0.05$）无显著影响，假设 H3b 不成立。电子商务网站所提供的支持服务对消费者信任信念（$\beta=0.145$，$p<0.05$）具有显著正向影响，假设 H4a 成立。然而，电子商务网站所提供的支持服务对消费者的购买意愿（$\beta=0.005$，$p>0.05$）无显著影响，假设 H4b 不成立。电子商务网站的网站设计水平对消费者信任信念（$\beta=0.240$，$p<0.05$）具

第六章 消费者信任信念在电子商务信息说服机制中的作用

有显著正向影响，假设 H5a 成立。然而，电子商务网站的网站设计水平对消费者的购买意愿（β=0.087，p>0.05）无显著影响，假设 H5b 不成立。电子商务网站的网站规模对消费者信任信念（β=0.231，p<0.05）具有显著正向影响，假设 H6a 成立。然而，电子商务网站的网站规模对消费者购买意愿（β=0.041，p>0.05）无显著影响，假设 H6b 不成立。因此，消费者信任信念对购买意愿（β=0.258，p<0.05）具有显著正向影响，假设 H7 成立。

表 6-11　　　　　　　　　　　　假设检验结果

路径			标准化路径系数	非标准化路径系数	S.E.	C.R.	P	成立情况
信任信念	←	信息质量	0.134	0.122	0.059	2.059	0.040	成立
信任信念	←	商品评分	0.121	0.126	0.055	2.309	0.021	成立
信任信念	←	卖家声誉	0.204	0.164	0.044	3.684	***	成立
信任信念	←	支持服务	0.145	0.144	0.054	2.654	0.008	成立
信任信念	←	网站设计	0.240	0.197	0.055	3.577	***	成立
信任信念	←	网站规模	0.231	0.238	0.062	3.830	***	成立
购买意愿	←	信任信念	0.258	0.266	0.094	2.824	0.005	成立
购买意愿	←	信息质量	0.233	0.218	0.074	2.958	0.003	成立
购买意愿	←	商品评分	0.254	0.273	0.070	3.916	***	成立
购买意愿	←	卖家声誉	-0.039	-0.033	0.056	-0.581	0.561	不成立
购买意愿	←	支持服务	0.005	0.005	0.067	0.072	0.943	不成立
购买意愿	←	网站设计	0.087	0.073	0.070	1.045	0.296	不成立
购买意愿	←	网站规模	0.041	0.044	0.080	0.547	0.585	不成立

注：***，$p<0.001$。

由表 6-11 可知，电子商务网站中的信息质量、所提供的商品评分与支持性服务、网站的规模及设计水平、网站背后的卖家声誉，均会正向影响消费者心目中该网站可信度的水平。然而，以上变量对消费者信任信念的影响程度却各不相同。具体而言，电子商务网站的网站设计水平（β=0.240，p<0.05）及网站规模（β=0.231，p<0.05）对消费者信任信念的影响最大，随后是电子商务网站背后的卖家声誉 β=0.204，p<0.05）及支持性服务（β=0.145，p<0.05），电子商务网站中的信息质量（β=0.134，p<0.05）及所提供的商品评分（β=

0.121，p<0.05 对消费者信任信念影响最小。

三、中介效应检验

为了进一步验证本章研究模型中信任信念的中介效应，本书运用 SPSS21.0 中 PROCESS 插件的 Model4 对信任信念的中介效应进行检验。该插件利用 Bootstrap 方法重复随机抽取 5000 个样本检验链式中介效应，结果如表 6-12 所示。

表 6-12　　　　　　　　　　中介效应检验

路径	标准化效应值	SE	95%置信区间	
			Lower	Upper
总效应				
信息质量→购买意愿	0.433	0.050	0.335	0.532
商品评分→购买意愿	0.339	0.048	0.244	0.433
卖家声誉→购买意愿	0.253	0.042	0.170	0.335
支持服务→购买意愿	0.303	0.049	0.206	0.399
网站设计→购买意愿	0.373	0.049	0.277	0.469
网站规模→购买意愿	0.274	0.053	0.171	0.378
间接效应				
信息质量→信任信念→购买意愿	0.140	0.052	0.044	0.249
商品评分→信任信念→购买意愿	0.112	0.038	0.047	0.193
卖家声誉→信任信念→购买意愿	0.155	0.042	0.073	0.239
支持服务→信任信念→购买意愿	0.180	0.047	0.085	0.270
网站设计→信任信念→购买意愿	0.142	0.051	0.043	0.244
网站规模→信任信念→购买意愿	0.174	0.042	0.094	0.259

由表 6-12 可知，信息质量对购买意愿的总效应值为 0.433，95% 的置信区间为 [0.335，0.532]。最高值和最低值的区间不包含 0，表明电子商务网站信息质量影响消费者购买意愿的总效应显著。电子商务网站中信息质量通过信任信念对购买意愿的间接效应值为 0.140，95% 的置信区间为 [0.044，0.249]。最高值和最低值的区间不包含 0，表明消费者信任信念在电子商务网站信息质量影

响消费者购买意愿机制中的中介作用显著,假设 H8a 得到验证。

商品评分对购买意愿的总效应值为 0.339,95% 的置信区间为 [0.244,0.433]。最高值和最低值的区间不包含 0,表明电子商务网站所提供的商品评分信息影响消费者购买意愿的总效应显著。电子商务网站所提供的商品评分信息通过信任信念对购买意愿的间接效应值为 0.112,95% 的置信区间为 [0.047,0.193]。区间值不包含 0,表明消费者信任信念在商品评分影响消费者购买意愿机制中的中介作用显著,假设 H8b 得到验证。

电子商务网站背后的卖家声誉对购买意愿的总效应值为 0.253,95% 的置信区间为 [0.170,0.335]。最高值和最低值的区间不包含 0,表明卖家声誉影响消费者购买意愿的总效应显著。电子商务网站背后的卖家声誉通过信任信念对购买意愿的间接效应值为 0.155,95% 的置信区间为 [0.073,0.239]。最高值和最低值的区间不包含 0,表明消费者信任信念在电子商务网站背后的卖家声誉影响消费者购买意愿机制中的中介作用显著,假设 H8c 得到验证。

电子商务网站所提供的支持性服务对购买意愿的总效应值为 0.303,95% 的置信区间为 [0.206,0.399]。最高值和最低值的区间不包含 0,表明电子商务网站所提供的支持性服务影响消费者购买意愿的总效应显著。支持性服务通过信任信念对购买意愿的间接效应值为 0.180,95% 的置信区间为 [0.085,0.270]。区间值不包含 0,表明消费者信任信念在支持服务影响消费者购买意愿机制中的中介作用显著,假设 H8d 得到验证。

电子商务网站的网站设计水平对购买意愿的总效应值为 0.373,95% 的置信区间为 [0.277,0.469]。最高值和最低值的区间不包含 0,表明电子商务网站的网站设计水平影响消费者购买意愿的总效应显著。电子商务网站的网站设计水平通过信任信念对购买意愿的间接效应值为 0.142,95% 的置信区间为 [0.043,0.244]。最高值和最低值的区间不包含 0,表明消费者信任信念在电子商务网站的网站设计水平影响消费者购买意愿机制中的中介作用显著,假设 H8e 得到验证。

电子商务网站的网站规模对购买意愿的总效应值为 0.275,95% 的置信区间为 [0.171,0.378]。最高值和最低值的区间不包含 0,表明电子商务网站的网站规模影响消费者购买意愿的总效应显著。电子商务网站的网站规模通过信任信念对购买意愿的间接效应值为0.174，95%的置信区间为[0.094, 0.259]。区间值不包含0，表明消费者信任信念在电子商务网站的网站规模影响消费者购买意愿机制中的中介作用显著，假设H8f得到验证。

第五节 本章小结

一、研究结果

在社会心理学、管理学等领域的研究中，信任会作为中介变量对消费者行为意愿产生直接影响已经得到确认（Kramer, 1999；Gropanzano & Mitchell, 2005；Gulati & Sytch, 2008）。电子商务领域的学者也证实初始信任是网站信息影响消费者购物意愿及分享个人信息意愿的中介变量（McKnight, 2002；Gefen, 2004；田博，2008）。例如，鲁耀斌等（2004）发现，消费者在接触特定的网站之后，会产生对该网站的在线信任。这种信任会使消费者对具体网络卖家产生信任意图，从而进一步导致相关的信任行为。

然而，心理学、社会学、管理学等各相关研究者都认为，电子商务中的信任是复杂的、多维度的（Lowry et al., 2008；Bart et al., 2005；Adomavicius & Tuzhilin 2013；Lee et al., 2018）。其中，被学者们引用最多的是麦克奈特等（2002）提出的电子商务初始信任模型。在该模型中，消费者的电子商务初始信任由信任倾向、制度信任及信任信念构成。三种类型的信任是否都在电子商务网站因素对购买意愿的影响机制中起中介作用值得研究者们进一步讨论。本章通过梳理前人的研究成果认为，三个概念中的"信任信念"（即消费者所感知的特定网络卖家的可信度）在上述机制中起到中介作用。根据这个基本假设，本章提出了部分电子商务网站因素通过信任信念影响消费者购买意愿的理论模型，在通过调查问卷收集数据后，运用AMOS软件通过结构方程对该理论模型中的假设进行了验证。

本章的实验结果证实：电子商务网站中的信息质量、商品评分、卖家声誉、支持性服务、网站设计、网站规模等因素，皆会通过正向影响消费者的信任信念积极作用于消费者的购买意愿。具体而言，电子商务网站的网站设计水平（β=0.240，p<0.05）及网站规模（β=0.231，p<0.05）对消费者信任信念的影响最大，随后是电子商务网站背后的卖家声誉 β=0.204，p<0.05）及支持性服务（β=0.145，p<0.05），电子商务网站中的信息质量（β=0.134，p<0.05）及所提供的商品评分（β=0.121，p<0.05）对消费者信任信念影响最小。

二、研究启示

本章的问卷调研结果表明，电子商务网站中的各类说服信息（如网站的设计因素、店铺的声誉、网站中所呈现的其他消费者对该商品的评论结果、网站所提供的退换货等支持性服务条款、网站整体的信息质量高低）会通过积极作用于消费者心目中这个特定的电子商务网站的可信任程度，积极影响消费者购买该网站所销售产品的意愿。

就理论上而言，电子商务网站中的各类信息会对消费者的行为产生影响已被验证。本章的假设检验结果进一步解释了电子商务网站中各类信息影响消费者购买意愿的具体机制，厘清了说服信息到购买意愿间的链条。

此外，这一系列相关的结果对电子商务从业者而言有一定的实践启示。首先是电子商务运营者们应该重视电子商务网站的建设。例如，完善网站中各个功能板块，提升网站导航、配色等美观程度，减少错别字的出现以提高网站中信息的质量水平等。电子商务运营者需要制定相关的制度，定期对网站的信息进行维护和改进。甚至可以建立相应的调研计划，通过手机消费者的反馈数据对电子商务网站中的各类信息进行升级，以提高自身的营业额度。另外，电子商务从业者需要在众多网站说服信息投入中有所侧重。除了关注对消费者购买意愿有较强直接影响的说服信息以外，由于电子商务网站中的各类说服信息会通过正向影响消费者的信任信念从而正向影响消费者的购买意愿，电子商务从业者更应该关注那些对消费者信任信念有较强影响的说服信息。基于本章的研究结果，电子商务网站的网站设计水平及网站规模对消费者心目中该网站的可信度水平影响最大，其次是电子商务网站背后的卖家声誉和支持性服务。因此，在考虑如何分配每一年的盈利时，电子商务从业者应加大对电子商务网站设计的投入。此外，还应注意维护自身的声誉以及升级相关的支持性服务。

三、研究展望

本章的实验结果只证实了部分电子商务网站中的说服信息对信任信念的影响机制，未来研究可以探索其他的说服信息是否会对消费者信任信念产生影响。目前，电子商务企业开始依托新兴的视频、流媒体、直播等多样化营销线索传递商品信息，例如，有的电子商务网站已经将直播、增强现实技术（augmented reality，AR）、虚拟现实技术（virtual reality，VR）运用于商品信息的传播中。此类新兴的技术及新兴技术所呈现的信息会如何影响消费者的信任信念值得进一步探讨。此外，本章的问卷调查选取了四类网站，并使四类网站所涉及的产品尽可能地常见。然而，本章的研究并没有讨论产品的性质是否会影响本章理论模型的验证。例如，产品卷入度的高低是否会影响说服信息对消费者信任信念的影响，产品的类型是否会产生影响说服信息对信任信念的作用等。目前来看，未来的研究可以从以上两个方面进行进一步的探讨和验证。

第七章 结论与展望

第一节 研究结论

电子商务初始信任是一个复杂的、多层次的概念，涉及管理学、经济学、社会学、心理学多个领域。本书综合多个学科对信任的定义，以及迈耶（1995）、罗素（1999）、麦克奈特（2002）等学者对信任、电子商务初始信任的研究成果，对电子商务初始信任中"个人信任倾向""制度信任""信任信念"三个维度进行了研究。其中，"个人信任倾向"指一个人在各种情况下表现出愿意依赖他人的倾向程度，它是一种普遍的，而不是特定情况的倾向。"制度信任"指消费者对电子商务环境中的组织、技术、法律规则的总体可信度的感知。"信任信念"则指消费者感知的特定网络卖家的可信度。以上三个维度体现出电子商务信任既存在于微观层面，也存在于宏观层面。它的结构是总体与个体的结合，是普遍与特别的结合。本书通过三个研究分别验证了电子商务初始信任三种结构在电子商务网站信息说服机制中的不同作用。具体而言，消费者的"个人信任倾向"会对网站信息中论据质量的说服效果起到负向调节作用。而消费者的"制度信任"水平会对网站信息中论据质量的说服效果起到正向调节作用，同时对网站中边缘线索的说服效果起到负向调节作用。消费者对特定网站的"信任信念"则在网站说服线索和消费者购买意愿之间起到中介作用。

一、消费者个人信任倾向在网站信息说服机制中的调节作用

本书第四章以态度说服领域的经典模型——精细加工可能性模型（ELM）为

基础提出了研究模型，并通过实证实验验证了该模型的部分假设。

第四章的研究结果证实了电子商务网站中的论据质量及图片吸引力对于产品态度的正向影响。也就是说，电子商务网站中所呈现的论据质量越高，消费者心目中的产品态度就越积极正向。电子商务网站中所使用的图片越具有吸引力，消费者心目中的产品态度就越积极正向。此外，积极正向的产品态度能够引起更高的购买意愿。

在上述机制中，消费者的"个人信任倾向"起到了部分调节作用。具体而言，当消费者的"个人信任倾向"低时，电子商务网站中的高质量论据所引起的消费者产品态度得分要显著高于低质量论据所引起的消费者产品态度。然而随着消费者"个人信任倾向"的升高，高、低质量的论据所产生的在产品态度上的差异逐渐降低并不再显著。根据 ELM，论据质量对个体态度的影响被称为态度改变的"中心路线"，第四章的实验结果表明了消费者的"个人信任倾向"对态度改变的中心路线起到了负向的调节作用。即消费者"个人信任倾向"越高，态度通过中心路线被改变的情况越弱。

然而，消费者的"个人信任倾向"对态度改变的"边缘路线"并未起到调节作用。具体而言，无论消费者的个人信任倾向水平如何，网站所使用的图片的吸引力高低对消费者再产品态度上造成的影响没有显著的区别。

二、消费者制度信任在网站信息说服机制中的调节作用

本书的第五章以精细加工可能性模型理论中的"带偏见的精细加工可能性模型"为基础提出了研究模型，且通过实证实验验证了该模型的部分假设。

第五章的实验结果再次证明了电子商务网站中论据质量对消费者产品态度的正向影响，即电子商务网站中所呈现的论据质量越高，消费者心目中的产品态度就越积极正向。此外，第五章的实验结果证实了电子商务中另一边缘线索——店铺声誉，对消费者产品态度的积极影响。即电子商务网站的声誉越高，消费者心目中的产品态度就越积极正向。同样，积极正向的产品态度能够引起更高的购买意愿。

上述实验结果再次验证了精细加工可能性模型中态度改变的"中心路线"和"边缘路线"。而第五章研究模型中的重要变量——消费者的"制度信任"水平，对以上两条说服路线分别起到了不同的调节作用。具体而言，消费者心目中的制度信任水平对电子商务网站中论据质量的说服效果起到了正向调节作用，对网站店铺声誉的说服效果起到了负向调节作用。也就是说，当消费者心目中网络购物的"制度信任"水平高时，电子商务网站使用高质量论据所造成的产品态度越要显著积极于使用低质量论据的情况，而高电子商务网站店铺声誉与低电子商务网站店铺声誉所造成的消费者产品态度并没有显著区别。当消费者心目中网络购物的"制度信任"水平低时，高、低质量的论据所产生的在产品态度上的差异逐渐降低并不再显著，高电子商务网站店铺声誉对消费者产品态度的正向影响要显著积极于低电子商务网站店铺声誉。

三、消费者信任信念在网站信息说服机制中的中介作用

本书的第六章以理性行为理论为基础提出了研究模型，并通过问卷调查验证了研究模型中的假设。

第六章的问卷数据分析结果显示，电子商务网站中的论据质量、商品评分、卖家声誉、支持服务、网站设计、网站规模均会对消费者的购买意愿产生积极的影响。更重要的是，以上变量会通过正向影响消费者心目中的"信任信念"正向作用于消费者的购买意愿。具体而言，当电子商务网站中的论据质量越高、商品评分越高、卖家声誉越高、支持性服务越多、网站设计得越好、网站规模越大，消费者对该店铺的具体信任值就越高。消费者的"信任信念"在各类说服线索对消费者购买意愿的影响机制中起到中介作用。

第二节 理论贡献

本书通过三个研究深入地剖析了"信任"电子商务网站信息说服机制中的

作用。三个研究分别讨论并验证了电子商务初始信任的三个维度——"个人信任倾向""电子商务制度信任""电子商务信任信念"在电子商务网站信息说服机制中的不同作用。具体而言，本书三个研究的结论包括以下三个方面的理论贡献。

第一，验证了经典说服模型"精细加工可能性模型"在中国电子商务语境下的适用性。尽管"精细加工可能性模型"的理论意义自提出起就受到了学者们的重视，但有学者对于ELM的实际应用依旧心存疑虑（Szczepanski，2006）。这种疑虑随着时间的推移在近年来越发明显。因为ELM模型是在20世纪80年代提出的，有学者担心管理者惯性地使用ELM框架进行营销规划，会摆脱不了20世纪80年代看待市场的老视角（Kitchen et al.，2014）。特别是数字媒体技术出现后，大众传播媒体时代盛行的ELM能否解释新媒体时代下的信息说服问题引起了学者们的关注。此外，广告研究领域的许多经典理论模型均由西方学者提出，包括用于解释广告说服过程中个体态度改变的ELM。此类在西方社会背景下提出的理论模型是否适用于中国等新兴发展中的国家的社会情景也值得讨论。克尔（Kerr et al.，2015）等研究者都曾提出过如精细加工可能性模型这一类传统的西方经典说服模型是否适用于电子商务等新兴模式，特别是否适用于中国这一类新兴市场中的电子商务的问题。本书第四章和第五章的实验均以ELM为研究模型的理论基础，研究结果也证实了ELM能够解释中国电子商务网站中信息说服的过程。这在一定程度上回答了学术界所争论的ELM在新媒体时代以及在中国的适用性问题。

第二，本书的第一个研究（第四章）与第二个研究（第五章）发现了在中国电子商务语境下，消费者的"个人信任倾向"与"制度信任"是两个新的能够调节信息说服过程的变量。在精细加工可能性模型中，"精细加工可能性"是最为重要的变量。它决定了个体的态度究竟是经由"中心路线"还是"边缘路线"被说服，也决定了中心论据或者边缘线索对个体态度的影响力究竟会被加强还是减弱（Petty & Cacioppo，1986）。ELM的提出者和后续的研究者们发现，有一系列的变量在影响着个体的精细加工可能性。例如，信息与个体的关联程度、信息处理需求程度（NFC）、信息的来源以及信息主张的立场是赞成还是反对、干扰刺激、重复、复杂性、个人预期及以往经验等。本书的研究模型在此基础上，提出了"信任"作为在电子商务购物过程中的重要变量是否也会影响消费者精细加工可能性的研究问题。随后，通过第四章和第五章的两个实验分别验证了电子商务初始信任中"个人信任倾向"和"制度信任"两个维度分别会对个体精细加工可能性产生不同影响，从而对电子商务网站中的说服信息的说服效果起到不同的调节作用。

具体来说，消费者的个人信任倾向低时，消费者的精细加工可能性高。此时，消费者更倾向于仔细加工电子商务网站中呈现的中心论据。消费者的态度经由"中心路线"被说服且中心线索（论据质量）对消费者的影响得到增强。可见消费者的个人信任倾向对态度说服的中心路线起到了负向调节作用。然而，第四章的实验并未证实其对边缘路线的调节作用。制度信任方面，当消费者心目中电子商务制度信任水平高时，中心线索（论据质量）对消费者的影响得到增强；当消费者心目中电子商务制度信任水平低时，边缘线索对消费者的影响得到增强。可见消费者心目中电子商务制度信任水平对态度说服的中心路线起到了正向调节作用，对态度说服的边缘路线起到负向调节作用。综上所述，本书的第一个研究（第四章）和第二个研究（第五章）聚焦于中国电子商务，通过发现两个新的调节变量"个人信任倾向"和"电子商务制度信任"，为这电子商务说服领域的研究以及以精细加工可能性模型为基础的理论研究做出了一定的贡献。

第三，本书的第三个研究（第六章）以理性行为理论为基础，验证了消费者信任信念在电子商务网站的电子商务网站信息质量、商品评分、店铺声誉、支持服务、网站设计、网站规模等说服线索对购买意愿的影响机制中的中介作用。以往研究中，学者们已经证实电子商务网站中部分因素会对消费者的购买意愿产生积极正向的影响。然而，少有研究进一步探讨此类因素是如何影响消费者线上购物时的购买意愿。本书的第三个研究在此基础上，通过建立理论模型并收集问卷数据验证模型，证实了网站说服类线索在影响消费者购买意愿时的作用机制中存在着某些心理变量。这些心理变量通过中介链条的方式联结着电子商务网站中的说服线索和最终的购买意愿。而消费者心目中的信任信念便是此中介链条中的重要一环。

总的来说，本书的三个研究，一方面延续并再次证实了电子商务信任领域的前驱学者们关于电子商务信任是多维度的理论概念；另一方面进一步讨论了电子商务信任中"个人信任倾向""制度信任""信任信念"三个维度在电子商务信息说服机制中不同的作用机制（具体作用机制如前面所述）。此外，本书的研究主要以西方经典说服理论——精细加工可能性（ELM）为基础，研究结果对于讨论该模型在数字时代新兴市场经济中的适用性有一定理论贡献。

第三节　实践启示

本书中三个研究的研究结果除具备一定的理论贡献外，对于电子商务网站运营者如何运用各类说服线索以进一步提升消费者的购买意愿也具有重要的营销启示。

第一，本书的第一个研究（第四章）与第二个研究（第五章）中，无论消费者的个人信任倾向水平以及消费者心目中电子商务制度信任水平如何，有关商品的中心线索（即论据质量）均会对消费者的产品态度产生积极的正向影响。佩蒂和卡乔波（1986）所提出的精细加工可能性模型中，中心论据指跟个人确定提议立场真实价值的包含在传播中的信息。具体到电子商务领域，中心论据即指跟产品本身所相关的信息，例如产品的性能、质量、价格等。也就是说，本书前两个研究中论据质量的高低本质上是电子商务网站中所销售的产品质量等内部属性的高低（冯建英等，2006）。冯建英等（2006）将此类论据称为商品的内部线索，是指商品自身的价值使用价值、质量特性等。例如，耐用品的质量、性能、可靠性等指标；食品的口味、营养价值等（Chen & Lee，2008）。由第四章和第五章的研究结果可知，高质量的中心论据能够促使消费者形成更正向的产品态度，从而进一步促成更积极的购买意愿。

因此，提升商品的性能与质量在任何时候都是电子商务经营者的重要任务。对于电子商务的运营者而言，应该主动提升网站中所销售的产品自身的各内部属性,并在网站中对其进行充分展示。对于品牌自营的电子商务网站而言,需要加大提升产品各类指标的成本投入,以便销售的产品质量等属性高于其他品牌电子商务网站中销售的产品。对于平台类型或者代理销售类型的电子商务网站(自身并不生产产品)而言,在选择产品及合作方时需紧守品质监控关卡。不能因为供货方在其他方面的让利或承诺而放弃对产品本身质量的把握。根据罗瑟·瑞夫斯所提出的"独特的销售主张"(unique selling proposition,USP)来看,商品性能与质量的提升就是找到商品特有的"卖点"(Farrell,2015)。电子商务网站的运营者们在实践过程中需要重视商品性能与质量类"卖点"对消费者的影响力。此外,运营者们应注意用准确精练的文字将此类关于商品性能与质量信息在网站上呈现给消费者们。

第二,本书的三个研究均证实了电子商务网站所使用的边缘线索对消费者产品态度以及消费者购买意愿的积极左右。例如,第四章的实验结果表明,电子商务网站所使用的图片吸引力对消费者的产品态度有积极影响。第五章的实验结果表明,电子商务网站中所呈现的关于卖家声誉的信息对消费者的产品态度也具有积极的影响。第六章的问卷调研结果则表明,电子商务网站中商品评分信息、卖家声誉、支持性服务信息、网站设计水平以及网站规模水平均会通过正向影响消费者心目中该特定网站的可信任水平而正向影响消费者的购买意愿。因此,电子商务网站的运营商们需要重视网站所涉及的各类边缘线索,不能单纯依赖于所销售产品的质量和性能。在电子商务虚拟性的交易背景下,依赖电子商务网站信息做出购物决策是消费者网络购物的主要模式。电子商务网站的板块设计、配色等边缘线索好比现实生活中店铺的装修及氛围。而电子商务网站的规模大小等边缘线索好比现实生活中店铺的大小。鉴于此,电子商务网站的运营者们需要投入一定成本在此类边缘线索上。特别是基于本书第六章研究三的结果,运营者们应该对网站设计、规模等对于消费者心目中信任信念影响系数更大的边缘线索加大投入。

第三,基于本书第五章(研究二)的实验结果,消费者心目中电子商务的制度信任水平会对电子商务网站中的论据质量说服效果起正向调节作用,而对电子商务网站中的边缘线索说服效果起负向调节作用。虽然根据麦克奈特(2002)

等的定义，个体对电子商务总体可信度的感知不同，但消费者的群体信念和态度是可以通过特定的研究手段获知的。电子商务运营者们可以根据消费者群体心目中电子商务制度信任水平的高低来制定营销策略。

西方研究者列维奇（1998）曾经指出，信任是动态变化的，是一个无到有、从低到高的过程。同样，对于电子商务信任而言，消费者心目中电子商务制度信任也存在着变化、上升的过程。2018年12月10日，由国家互联网信息办公室、商务部、国家市场监督管理总局指导，中国网络社会组织联合会和中国互联网发展基金联合会主办的2018年中国网络诚信大会发布的《中国电子商务诚信发展报告》提到，随着国家有关部门的大力推动，以及电子商务平台积极履行企业主体责任，电子商务领域存在的假冒伪劣、虚假广告、虚假交易、刷单炒作、恶意差评等违法违规行为得到了一定程度遏制。同时，随着电子商务领域消费纠纷诉决机制、赔偿先付和经营者首问责任制的建立，消费者的满意程度有了明显提升。2019年1月1日，《中华人民共和国电子商务法》开始实施，标志着电子商务领域的相关法律、规范、标准正在逐步完善。

由此，我们有理由推测，消费者群体心目中电子商务的制度信任水平在未来会逐渐提升。因此，电子商务网站运营者们应该根据消费者心目中电子商务制度信任水平使用不同的营销策略。当中国的消费者群体心目中电子商务制度信任尚处于低水平时，边缘线索的使用在电商网站建设中应得到提升。电子商务运营者可以多在网页中提供商店第三方认证、情景化图片、支持性服务等边缘线索，也可以使用情景化图片、视频、直播等新的媒介形式。随着传播技术的发展进步，运营者们甚至可以使用增强现实技术（augmented reality，AR）、虚拟现实技术（virtual reality，VR）等。值得注意的是，虽然在低制度信任水平下，边缘线索对消费者行为意愿起主要影响作用，论据质量同样会对消费者行为意愿产生影响。因此，在此情景下，电子商务运营者们同时采用高质量论据与边缘线索的说服效果比只重视边缘线索的说服效果更好。随着我国的相关法律政策以及电子商务行业的行业规则、操守越来越规范，同时随着电子商务在我国发展得越来越成熟、国民逐渐具备丰富的网络购物经验。我国的消费者对电子商务制度的总体信任水平将逐渐提升。此时，电子商务网站中论据质量的说服效果受制度信任的影响会更为显著。电子商务运营者应该在网页中更多的提供商品质量、属性等中心论据。此外，在电子商务总体可信高水平阶段，虽然论据质量对消费者行为意愿起主要影响作用，边缘线索同样会对消费者行为意愿产生影响。因此，在此情景下，电子商务运营者们可以考虑适当增加边缘线索，但重点依然应放在论据质量的提升上。

第四节　研究局限与未来研究方向

一、研究局限

本书的三个研究均证实了虽然本研究在一定程度上验证了假设，但由于时间、人力、物力等方面的限制，研究中存在以下四点不足有待完善。

第一，本书的三个研究在样本选择方面具有一定的局限性。虽然有研究者认为，大学生是一个能够替代线上消费者的有效样本，因为他们的研究证实网络消费群体的年龄趋于年轻化，受教育程度也高于传统消费者（McKnight et al.，2001；Dan et al.，2001），但大学生毕竟只是电子商务购物人群的一部分。特别是第四章的研究一和第五章的研究二中，参加试验的被试者来自重庆的两所高校。虽然目前国内的本科高校基本面向全国进行招生，但招生配额以及生源存在着一定的地域特征。以重庆的本科院校为例，来自西南地区的考生比例明显高于其他地区的考生。而信任又是一个受到文化因素影响的变量，我国地域辽阔、地区文化多样。研究一和研究二的结果是否在全国具有普遍性和适用性，需要进一步的验证。

第二，本书第六章（研究三）的研究对象是电子商务中某特定网站的网站整体，因而本书第六章提取的是网页的截屏，呈现给被试者的也是网站中"商品详情"的网页页面。而网站中的其他网页链接，例如"商品评论"等，并未呈现给消费者。而我们在实际网购过程中，一定是浏览完整个网站之后才会做出相应的购买行为。此外，研究三尽量选取了四种具有代表性的网站进行调研，但电子商务行业中的网站类型远不只这四种。现实生活中甚至可能出现多种类型交叉出现的网页。鉴于此，研究三的实验操作存在一定的技术局限性，若使用"量身定制"的软件设计出完全模拟现实生活中的网站，使被试者尽量在类似于真实购物环境下浏览完网站后再完成相应问卷会使研究结果更具有效度。因此，可以采用相关软件实现或者结合真实的网络购物平台来提高实验环境的真实性。

第三，本书的三个研究对消费者的个人信任倾向（研究一）、制度信任（研究二）、信任信念（研究三）的探讨采取的是外显测试。即直接使用问卷让被试者进行自我报告。然而，有研究认为，有必要对消费者的信念和态度进行内隐测量，问卷与访谈未必能获取消费者内心真实的想法（赵守良等，2009）。学者们认为，内隐联想方式相比传统的外显态度测量方法，不仅能够更好地预测消费者的购买决策，还可以在一定程度上对消费者的内在认识过程以解释（Dimofite，2010）。因此，本书的研究在测量手段上还具有一定局限性。未来可采用一些间接测量的研究方法探讨电子商务信任问题，例如内隐联想测试（IAT）、反应时等。也可以通过机器学习、情感分析等大数据挖掘方法进行度量（Liu et al.，2017）。

第四，本书第四章的研究一与第五章的研究二并没有完全考虑会影响个体精细加工可能性的变量。第四章和第五章的研究均以佩蒂和卡乔波（1986）提出的精细加工可能性模型（ELM）为理论基础。而在精细加工可能性模型中，精细加工可能性会受到一系列链条式变量的连续影响。例如加工动机（个人关联、认知需求、个人责任等）、加工能力（分心、重复、已有知识、信息可理解程度等）、认知加工的实质（已有态度等）。研究一所讨论的个人信任倾向便属于"加工动机"，而研究二所讨论的制度信任便属于"认知加工的实质"。然而，本书在讨论以上两个变量时虽然尽可能地控制了其他可能影响个体精细加工可能性的变量，但由于此类变量太多，研究设计无法穷尽。例如，大学生样本在信息加工能力上可能高于网购消费者的平均水平，新冠肺炎疫情背景下医用口罩的产品卷入度可能处于高水平等。

二、未来研究方向

基于本书三个研究的研究结果以及前面关于研究局限的讨论，未来有关电子商务信任及电子商务网站信息说服机制的研究，可以考虑从以下五个方面进行拓展。

第一，研究一选择了图片吸引力作为边缘线索以验证理论模型，研究二选择了店铺声誉验证理论模型。由于电子商务中网站所使用的边缘线索多种多样，所以无论研究一和研究二的假设是否被验证，其结果都只能证伪而不能证实。为了进一步证实本书所提出的理论模型的有效性和适用性，未来研究可以讨论更多类型的边缘线索。事实上，由于电子商务中产品同质化竞争日益激烈，学界、业界两界均开始关注多样化的信息以及信息传播方式如何作用于消费者的行为意愿并最终影响盈利数据的问题。例如，有的电商平台已经将直播、增强现实技术（augmented reality，AR）、虚拟现实技术（virtual reality，VR）运用于商品信息的传播中。因此，未来研究可以更多地聚焦于电子商务信任的不同维度是否会影响此类新兴科技所带来的新型边缘线索作用于消费者购买决策的机制。

第二，未来研究可以讨论本书的理论模型是否适用于搜索型产品以及其他商品分类方式。本书的研究一根据尼尔森（1976）的商品分类法选择了"体验型"的商品——床单作为实验商品；研究二根据吉拉德和迪翁（2011）搜索型产品、体验型产品、信任型产品（search，experience，credence goods，SEC）选择了"信任型"商品——医用口罩作为实验用的商品。一方面，因研究局限只选择一款产品并不能说明此类产品的情况，因而未来研究可以讨论更多的"体验型"商品和"信任型"商品，特别是美团一类的线上服务类商品；另一方面，对于商品属性在购买前就能被消费者较为容易地获知的"搜索型"产品来说，电子商务信任是否会影响其销售网站的信息说服机制值得进一步讨论。此外，虽然尼尔森（1976）所提出的商品分类理论得到大多数学者的认可，电子商务中所销售的产品或许存在着其他的分类方式。未来研究者们或许可以从新的商品分类方式出发讨论本书理论模型的适用性。

第三，消费者信任时一个动态过程，未来可以通过动态研究来讨论关于电子商务信任的理论模型。本书的三个研究收集的是横截面数据，因而属于静态研究范畴。然而电子商务信任，特别是消费者心目中电子商务的制度信任水平，是一个动态发展的过程。因此，在今后的研究中，可以考虑跨时间的收集电子商务制度信任数据，以此更深入地讨论电子商务制度信任的作用方式。此外，由于信任受到文化的影响。未来研究可以通过抽样设计进行跨群体、跨区域的比较研究。在以后的研究中，可考虑对更多的消费群体展开比较研究，揭示不同群体之间对网购信任的程度以及在影响因素方面的差异。同时，未来研究可以探讨我国各地的文化差异、经济发展程度差异，可能对消费者网购信任的影响。

第四，本书的整体研究框架是以麦克奈特（2002）的电子商务信任理论模型为基础，未来可考虑从信任者视角以及相互关系视角研究电子商务信任。麦克奈特的信任模型从被信任者视角出发，将电子商务信任分为个人新人倾向、制度信任和信任信念三个维度。然而根据以往关于信任维度的研究，信任维度还可以基于信任者视角（McAllister，1995；Liwicki & Bunker，1995）以及基于相互关系视角（罗素等，1998）进行研究。未来的研究者或可考虑将此研究逻辑延续到电子商务信任的研究领域，从以上两个视角入手，探讨电子商务信任对电子商务网站中各类信息说服效果的影响。例如，从信任者视角出发，分别讨论情感型信任（affect - based trust）和认知型信任（cognition - based trust）在说服机制中的作用。以及从相互关系视角出发，探讨威慑型信任（deterrence - based trust）、计算型信任（calculus - based trust）、关系型信任（relational trust）的作用机制。

第五，未来研究可探索电子商务信任中的个人信任倾向和制度信任的联合作用，以及信任相关变量和"卷入度"等其他会显著影响个体精细加工可能性变量的联合作用。本书第四章的研究一和第五章的研究二分别讨论了消费者个人信任倾向和制度信任水平对信息说服机制的调节作用。一方面，个人信任倾向对中心说服路径的说服效果起负向调节作用而制度信任向对中心说服路径的说服效果起正向调节作用;另一方面,消费者的个人信任倾向和制度信任水平同属于消费者的电子商务信任概念。这样的研究结果抛出了新的研究问题:个人信任倾向和制度信任作为一个整体,将如何调节信息的说服机制?后续学者们的研究可进一步讨论这个问题。此外,佩蒂和卡乔波(1986)提出的精细加工可能性模型(ELM)中,有许多影响个体精细加工可能性的变量。未来研究可联合考虑这些已经被证实的变量与电子商务信任的联合作用。

参考文献

[1] 艾瑞咨询. [EB/OL] http://www.iresearch.com.cn/view/260788.html

[2] 包敦安,董大海. 基于ELM的网络评论信息可信性影响因素研究 [J]. 现代管理科学,2009 (11): 107-109.

[3] 毕继东. 网络口碑对消费者购买意愿影响实证研究 [J]. 情报杂志,2009,28 (11): 46-51.

[4] 伯纳德·巴伯. 信任:信任的逻辑与局限 [M]. 牟斌,李红,范瑞平,译. 福州:福建人民出版社,1989: 11-22.

[5] 昌燕,张仕斌. 基于直觉模糊集和最优推荐的信任评价模型 [J]. 计算机工程,2012,38 (5): 142-144.

[6] 陈传红,赵学锋,张金隆. 三维视角的电子商务信任特性及应对策略研究 [J]. 图书情报工作,2012,56 (8): 128-134.

[7] 陈建钧,张仕斌. 基于云模型和信任链的信任评价模型研究 [J]. 计算机应用研究,2015,32 (1): 249-253.

[8] 陈珂,胡天磊,陈刚. 基于角色的信任证覆盖网络中高效信任链搜索 [J]. 浙江大学学报(工学版),2010,44 (12): 2241-2250.

[9] 陈岚. 电子政务公众参与影响因素的实证研究 [J]. 现代情报,2012 (9): 123-126.

[10] 陈敏宁. 网页设计的美学特征 [J]. 美术观察,2008 (6): 110.

[11] 陈晴光. 电子商务基础与应用 [M]. 北京:清华大学出版社,2015.

[12] 陈素白,章怡成,高诗勍. 锚定效应在网络口碑领域中的考察:以豆瓣电影在线评分为例 [J]. 国际新闻界,2016,38 (3): 34-48.

[13] 陈晓红,曾平. 移动购物评价对消费者购买意愿影响的实验研究 [J].

经济与管理研究，2016，37（6）：122-129.

[14] 崔莉. Web2.0时代交互式网页界面功能与审美设计研究 [D]. 重庆：重庆大学，2007.

[15] 道格拉斯·C. 诺斯. 制度、制度变迁与经济绩效 [M]. 刘守英，译. 上海：上海三联书店，1994：50.

[16] 邓之宏，邵兵家. 网上交易市场声誉机制对商品价格的影响研究——基于淘宝网的实证研究 [J]. 价格理论与实践，2009（6）：77-78.

[17] 丁黎黎，姜亚楠，王垒. 边缘路线信息丰裕度对消费者在线购买决策的影响 [J]. 财经论丛（浙江财经大学学报），2014，V185（9）：68-74.

[18] 范晓屏，韩洪叶，孙佳琦. 网站生动性和互动性对消费者商品态度的影响——认知需求的调节效应研究 [J]. 管理工程学报，2013，27（3）：196-204.

[19] 冯建英，穆维松，傅泽田. 消费者的购买意愿研究综述 [J]. 现代管理科学，2006（11）：7-9.

[20] 付晓蓉，谢庆红. 顾客信任谁？——顾客信任的双归属维度分析 [J]. 管理世界，2010（3）：182-183.

[21] 高春瑜. 在线购物中消费者边缘和中心决策路径的神经机制研究 [D]. 杭州：浙江大学，2012.

[22] 格奥尔格·西梅尔. 货币哲学：英汉对照全译本 [M]. 北京：中国社会科学出版社，2007.

[23] 顾琳. ELM两路径下的电商让利营销信息设计研究 [D]. 长沙：湖南大学，2016.

[24] 顾琳，肖狄虎. ELM两路径下的电商营销信息传达设计研究 [J]. 包装工程，2017，38（2）：77-81.

[25] 郭承龙，郭伟伟，郑丽丽. 认证标识对电子商务信任的有效性探讨 [J]. 科技管理研究，2010，30（3）：100-103.

[26] 郭承龙. 重塑网络消费者初始信任——网誉认证理论探讨 [J]. 图书情报工作，2012，56（10）：124-130.

[27] 韩玮. C2C电子商务中消费者持续信任的影响因素研究 [D]. 重庆：

重庆工商大学,2011.

[28] 郝媛媛. 在线评论对消费者感知与购买行为影响的实证研究 [D]. 哈尔滨:哈尔滨工业大学,2010.

[29] 胡敏. 创业网店如何赢得消费者 [D]. 杭州:浙江大学,2011.

[30] 黄静,刘洪亮,郭昱琅. 在线促销限制对消费者购买决策的影响研究——基于精细加工可能性视角 [J]. 商业经济与管理,2016 (5):76-85.

[31] 黄卫来,潘晓波. 在线商品评价信息有用性模型研究——纳入应用背景因素的信息采纳扩展模型 [J]. 图书情报工作,2014 (s1):141-151.

[32] 黄永哲. 电子商务环境下的顾客信任 [J]. 逻辑学研究,2005,25 (2):245-247.

[33] 井淼,周颖,吕巍. 互联网购物环境下的消费者感知风险维度 [J]. 上海交通大学学报,2006,40 (4):607-610.

[34] 李怀祖. 管理研究方法论(第2版) [M]. 西安:西安交通大学出版社,2004.

[35] 廖以臣,刘意. 在线信任及其前因后果研究的文献综述 [J]. 武汉大学学报哲学社会科学版,2009 (4):467-471.

[36] 林陈沐. 基于公平交换的大宗商品网络交易系统的设计与实现 [D]. 上海:上海交通大学,2009.

[37] 刘水清. C2C电子商务中消费者信任影响因素研究 [D]. 武汉:华中科技大学,2013.

[38] 刘伟江,刘扬,张朝辉. 电子商务环境下基于信任的购买行为模型 [J]. 经济与管理研究,2005 (9):70-73.

[39] 柳承烨,金恩姬. 网上购物商品评分战略分析——网上购物评分表的方式与商品整体评价 [J]. 现代商业,2009 (4):123-124.

[40] 卢锋华,王陆庄. 基于"流体验"视角的顾客网上购物行为研究 [J]. 外国经济与管理,2005 (5):34-39.

[41] 鲁耀斌,周涛. B2C环境下影响消费者网上初始信任因素的实证分析 [J]. 南开管理评论,2005,8 (6):96-101.

[42] 吕洪兵. B2C 网店社会临场感与粘性倾向的关系研究 [D]. 大连：大连理工大学，2012.

[43] 尼克拉斯·卢曼. 信任：一个社会复杂性的简化机制 [M]. 上海：上海人民出版社，2005.

[44] 乔均，张英. 大型超市服务质量对顾客行为倾向的影响研究 [J]. 中国零售研究，2009（2）：23-35.

[45] 桑烽燕. 网站设计对电子商务交易中消费者购买的影响 [J]. 中国新通信，2012，14（23）：81-82.

[46] 闪姗. 网页设计因素对消费者购买意愿的影响研究 [D]. 上海：东华大学，2014.

[47] 邵兵家，孟宪强，张宗益. 中国 B2C 电子商务中消费者信任前因的实证研究 [J]. 科研管理，2006，27（5）：143-149.

[48] 邵兵家，孟宪强，张宗益. 中国 B2C 电子商务中消费者信任前因的实证研究 [J]. 科研管理，2006，27（5）：143-149.

[49] 邵兵家，鄢智敏，鄢勇俊. B2C 电子商务中感知风险降低策略的有效性研究 [J]. 软科学，2006，20（4）：131-135.

[50] 宋扬，唐辉军，杨孝. 电子商务中的评价口碑数据分析关键技术研究 [J]. 现代计算机（专业版），2015（14）：50-53.

[51] 唐馥馨. 网店装修对消费者购买意愿的影响 [D]. 杭州：浙江大学，2012.

[52] 唐任伍. 论"信用缺失"对中国管理的侵蚀及对策 [J]. 北京师范大学学报（社会科学版），2002（1）：52-59.

[53] 田博，覃正. B2C 电子商务中的在线信任分析及其在网站设计中的应用 [J]. 科技管理研究，2008（7）：422-424，326.

[54] 田博，覃正. B2C 电子商务中的在线信任系统模型研究 [J]. 华东经济管理，2008，22（10）：120-124.

[55] 田博，覃正. B2C 电子商务中基于 D-S 证据融合理论的推荐信任评价模型 [J]. 管理科学，2008，21（5）：98-104.

[56] 汪旭晖, 郭一凡, 王荣翔. 消费者认知失调对退货意愿的影响机制——平台型电商情境下卖家声誉和买家惰性的作用 [J]. 财经问题研究, 2019 (7): 113-120.

[57] 汪旭晖, 张其林. 平台型电商声誉的构建: 平台企业和平台卖家价值共创视角 [J]. 中国工业经济, 2017 (11): 174-192.

[58] 王君珺, 闫强. 不同热度搜索型商品的在线评论对销量影响的实证研究 [J]. 中国管理科学, 2013 (s2): 406-411.

[59] 王克喜, 崔准, 周志强. 网络口碑要素及其可信度对消费者购买决策的影响研究 [J]. 江西财经大学学报, 2015 (6): 43-49.

[60] 王全胜, 郑称德, 周耿. B2C 网站设计因素与初始信任关系的实证研究 [J]. 管理学报, 2009, 6 (4): 495-501.

[61] 王守中, 史本山. 我国 B2C 消费者宏观信任影响因素分析 [J]. 经济体制改革 2007 (2): 178-181.

[62] 吴亮锦, 縻仲春. 珠宝知觉价值与购买意愿的经济学分析 [J]. 商场现代化, 2005, x (11): 24-26.

[63] 伍麟. 动机还是认知: 验证性信息搜寻的心理机制 [J]. 华中师范大学学报 (人文社会科学版), 2015, 54 (5): 168-176.

[64] 肖冰, 陈潮填. 电子商务系统的复杂性特征与方法论探析 [J]. 商业时代, 2015 (21): 77-79.

[65] 熊焰. B2C 电子商务中的制度信任研究 [J]. 商业时代, 2006 (31): 63-64.

[66] 熊焰. 消费者初次网络购物信任和风险问题研究 [D]. 上海: 同济大学, 2007.

[67] 徐碧祥. 员工信任对其知识整合与共享意愿的作用机制研究 [D]. 杭州: 浙江大学管理学院, 2007.

[68] 严中华, 米加宁. B2C 电子商务信任实证研究的现状与思考 [J]. 技术经济与管理研究, 2005, 19 (2): 81-82.

[69] 杨青, 钱新华, 庞川. 消费者网络信任与网上支付风险感知实证研究

[J]. 统计研究, 2011, 28 (10): 89-97.

[70] 姚春光. 基于复杂网络的网上商品交易行为特征研究 [D]. 北京: 北京邮电大学, 2015.

[71] 易加斌, 纪淑娴. 基于畅体验的消费者网络购物行为的实证研究 [J]. 统计与决策, 2011 (21): 51-54.

[72] 原娟娟. 提高企业电子商务网站转化率的因素分析 [J]. 中国商论, 2010 (19): 107-108.

[73] 约翰·R. 康芒斯. 制度经济学 (上) [M]. 赵睿, 译. 北京: 华夏出版社, 2013: 128.

[74] 岳红记, 刘咏芳. 论当前我国企业的信用危机 [J]. 经济师, 2002 (8): 16-17.

[75] 曾慧, 郝辽钢, 于贞朋. 好评奖励能改变消费者的在线评论吗?——奖励计划在网络口碑中的影响研究 [J]. 管理评论, 2018, 30 (2): 117-126.

[76] 曾小春, 王曼. 电子商务的信任机制研究——针对不同模式的比较分析 [J]. 山西财经大学学报, 2007, 29 (2): 57-63.

[77] 翟翔. 基于视觉信息传达的网页界面设计 [D]. 长沙: 湖南大学, 2007.

[78] 张蓓, 林家宝. 质量安全背景下可追溯亚热带水果消费行为范式: 购买经历的调节作用 [J]. 管理评论, 2015, 27 (8): 176-189.

[79] 张凯冰, 李晓燕. 电子商务中的信任危机与应对策略 [J]. 辽宁工程技术大学学报 (社会科学版), 2009, 11 (4): 365-367.

[80] 张琼文, 宋光兴. 社会化网络环境下跨境电子商务信任影响因素研究 [J]. 中国市场, 2017, 000 (12): 266-268.

[81] 张仙锋. B to C 交易中消费者信任的生成机理研究 [J]. 山西财经大学学报, 2006, 28 (3): 58-63.

[82] 张仙锋. 网络欺诈与信任机制——基于交易链面向网上消费者的信任机制研究 [M]. 北京: 经济管理出版社, 2007.

[83] 张兴, 黄强, 沈昌祥. 一种基于无干扰模型的信任链传递分析方法

[J]. 计算机学报, 2010, 33 (1): 74-81.

[84] 赵守良, 赵玉芳, 雷丹. 大学生社会评价的内隐与外显测量及其相互关系 [J]. 西南大学学报 (自然科学版), 2009, 31 (10): 160-164.

[85] 中国互联网信息中心. 第39次中国互联网络发展状况统计报告 (2017) [R]. 北京: 中国互联网信息中心, 2017.

[86] 中国互联网信息中心. 第41次中国互联网络发展状况统计报告 (2018) [R]. 北京: 中国互联网信息中心, 2018.

[87] 中国商务部. 中国电子商务报告 (2017) [R]. 北京: 中国商务部, 2018.

[88] 朱家川. 电子商务环境下消费者购买意愿研究述评 [J]. 学术界, 2015 (9): 236-241.

[89] 朱丽叶, 袁登华, 张静宜. 在线用户评论质量与评论者等级对消费者购买意愿的影响——商品卷入度的调节作用 [J]. 管理评论, 2017, 29 (2): 87-96.

[90] 左文明, 陈华琼, 张镇鹏. 基于网络口碑的B2C电子商务服务质量管理 [J]. 管理评论, 2018, 30 (2): 94-106.

[91] Adomavicius G, Tuzhilin A. Toward the Next Generation of Recommender Systems: A Survey of the State-of-the-Art and Possible Extensions [M]. Springer International Publishing, 2013: 734-749.

[92] Ajaj O, Fernandez E B. A Pattern for the WS-Trust Standard for Web Services [C]. Proceedings of the 1st Asian Conference on Pattern Languages of Programs. ACM, 2010: 1-6.

[93] Ajzen I, Fishbein M. Understanding Attitudes and Predicting Social Behavior [M]. Prentice-hall, 1980.

[94] Ajzen I. The theory of planned behavior [J]. British Journal of Social Psychology, 2007, 40 (4): 471.

[95] Alon H, Liat E. The Development of Initial Trust in an Online Company by New Customers [J]. Information & Management, 2004, 41 (3): 377-397.

[96] Arndt J. Role of Product-Related Conversations in the Diffusion of a New

Product [J]. Journal of Marketing Research, 1967, 4 (3): 291 -295.

[97] Bagozzi R P, Burnkrant R E. Attitude Organization and the Attitude – Behavior Relationship [J]. Journal of Personality & Social Psychology, 1979, 37 (6): 913 -929.

[98] Bagozzi, R P, Yi, Y. On the evaluation of structural equation models. Journal of the Academy of Marketing science. 1988, 16 (1), 74 -94.

[99] Barber B, Gambetta D. Trust: Making and Breaking Cooperative Relations [J]. Contemporary Sociology, 1988, 21 (3): 401.

[100] Bart Y, Shankar V, Sultan F, et al. Are the Drivers and Role of Online Trust the Same for All Web Sites and Consumers? A Large – Scale Exploratory Empirical Study [J]. Journal of Marketing, 2005, 69 (4): 133 -152.

[101] Ba S. Argument of the Effect of Trust Building Technology in Electronic Markets: Price Premiums and Buyer Behavior [J]. Mis Quarterly, 2002, 26 (3): 243 -268.

[102] Basuroy S, Desai K K, Talukdar D. An Empirical Investigation of Signaling in the Motion Picture Industry [J]. Journal of Marketing Research, 2006, 43 (2): 287 -295.

[103] Batra, R, Stayman, D. M. The role of mood in advertising effectiveness. Journal of Consumer Research, 1990, 17 (2), 203 -214.

[104] Bei L T, Chen E Y I, Widdows R. Consumers' Online Information Search Behavior and the Phenomenon of Search vs. Experience Products [J]. Journal of Family & Economic Issues, 2004, 25 (4): 449 -467.

[105] Benedicktus R L, Brady M K, Darke P R, et al. Conveying Trustworthiness to Online Consumers: Reactions to Consensus, Physical Store Presence, Brand Familiarity, and Generalized Suspicion [J]. Journal of Retailing, 2010, 86 (4): 322 -335.

[106] Beth T, Borcherding M, Klein B. Valuation of Trust in Open Networks [C]. European Symposium on Research in Computer Security. Springer, Berlin, Hei-

delberg, 1994: 1 - 18.

[107] Bhattacherjee A. Individual Trust in Online Firms: Scale Development and Initial Test [J]. Journal of Management Information Systems, 2002, 19 (1): 211 - 241.

[108] Bhattacherjee A, Sanford C. Influence Processes for Information Technology Acceptance: An Elaboration Likelihood Model [J]. Mis Quarterly, 2006, 30 (4): 805 - 825.

[109] Blanco, C F, Gurrea Sarasa, R, Sanclemente, C O. Effects of Visual and Textual Information in Online Product Presentations: Looking for the Best Combination in Website Design. European Journal of Information Systems, 2010 (19): 668 - 686.

[110] Blois K J. Trust in Business to Business Relationships: An Evaluation of its Status [J]. Journal of Management Studies, 1999, 36 (2): 197 - 215.

[111] Borchers, T A. Persuasion in the Media Age. Boston: McGraw Hill, 2002.

[112] Boulding W, Kalra A, Staelin R, et al. A Dynamic Process Model of Service Quality: From Expectations to Behavioral Intentions. [J]. Journal of Marketing Research, 1993, 30 (1): 7 - 27.

[113] Cacioppo J T, Petty R E, Stoltenberg C D. Processes of Social Influence: The Elaboration Likelihood Model of Persuasion [J]. Advances in Cognitive - behavioral Research & Therapy, 1985: 215 - 274.

[114] Cenfetelli R T, Benbasat I, Al - Natour S. Addressing the What and How of Online Services: Positioning Supporting - Services Functionality and Service Quality for Business - to - Consumer Success [J]. Information Systems Research, 2008, 19 (2): 161 - 181.

[115] Chaiken S. Heuristic versus Systematic Information Processing and the Use of Source versus Message Cues in Persuasion [J]. Journal of Personality & Social Psychology, 1980, 39 (5): 752 - 766.

[116] Charles Wolf J. Trust: The Social Virtues and the Creation of Prosperity [J]. Orbis, 1996, 40 (2): 309 - 333.

[117] Chellappa R K, Pavlou P A. Perceived Information Security, Financial Liability and Consumer Trust in Electronic Commerce Transactions [J]. Logistics Information Management, 2014, 15 (5/6): 358 – 368.

[118] Chen S C, Dhillon G S. Interpreting Dimensions of Consumer Trust in E – Commerce [J]. Information Technology & Management, 2003, 4 (2 – 3): 303 – 318.

[119] Chen S H, Lee K P. The Role of Personality Traits and Perceived Values in Persuasion: an Elaboration Likelihood Model Perspective on Online Shopping [J]. Social Behavior & Personality an International Journal, 2008, 36 (10): 1379 – 1399.

[120] Chen S, Jie L. Factors Influencing the Consumers' Willingness to Buy in E – Commerce [C] // E – Business and Information System Security, 2009. EBISS'09. International Conference on. IEEE, 2009.

[121] Chen Y, Barnes S. Initial Trust and Online Buyer Behavior [J]. Industrial Management & Data Systems, 2007, 107 (107): 21 – 36.

[122] Chen, Y, Yan, X, Fan, W, Gordon, M. The joint moderating role of trust propensity and gender on consumers' online shopping behavior. Computers in Human Behavior, 2015 (43): 272 – 283.

[123] Cheung C M K, Lee M K O. Understanding Consumer Trust in Internet Shopping: A Multidisciplinary Approach [J]. Journal of the Association for Information Science & Technology, 2006, 57 (4): 479 – 492.

[124] Chiles T H, McMackin J F. Integrating variable risk preferences, trust, and transaction cost Economics [J]. Academy of Management Review, 1996, 21 (1): 73 – 99.

[125] Chiu C M, Hsu M H, Lai H, et al. Re – examining the Influence of Trust on Online Repeat Purchase Intention: The Moderating Role of Habit and its Antecedents [J]. Decision Support Systems, 2012, 53 (4): 835 – 845.

[126] Choi S M, Salmon C T. The Elaboration Likelihood Model of persuasion after two decades: A review of criticisms and contributions [J]. kentucky journal of communication, 2003.

[127] Chow S, Holden R. Toward An Understanding Of Loyalty: The Moderating Role Of Trust [J]. Journal of Managerial Issues, 1997, 9 (3): 275 –298.

[128] Chung S. The Role of Online Informediaries for Consumers [J]. Internet Research, 2013, 23 (3): 338 –354.

[129] Chun J W, Lee M J. Increasing Individuals' involvement and WOM Intention on Social Networking Sites: Content matters! [J]. Computers in Human Behavior, 2016, 60: 223 –232.

[130] Clark J K, Wegener D T, Sawicki V, et al. Evaluating the Message or the Messenger? Implications for Self –validation in Persuasion [J]. Personality & Social Psychology Bulletin, 2013, 39 (12): 1571.

[131] Clemons E K, Gao G, Hitt L M. When Online Reviews Meet Hyper Differentiation: A Study of the Craft Beer Industry [J]. Journal of Management Information Systems, 2006, 23 (2): 149 –171.

[132] Coleman James. Foundations of Social Theory [M]. Belknap Press of Harvard University Press, 1990.

[133] Cook A J, Moore K, Steel G D. The Taking of a Position: A Reinterpretation of the Elaboration Likelihood Model [J]. Journal for the Theory of Social Behaviour, 2010, 34 (4): 315 –331

[134] Corritore C L, Kracher B, Wiedenbeck S. On –line Trust: Concepts, Evolving Themes, a Model [J]. International Journal of Human –Computer Studies, 2003, 58 (6): 737 –758.

[135] Coser L A, Barber B. The Logic and Limits of Trust [J]. Political Ence Quarterly, 1983, 2 (1): 77 –78.

[136] Cui G, Lui H K, Guo X. The Effect of Online Consumer Reviews on New Product Sales [J]. International Journal of Electronic Commerce, 2012, 17 (1): 39 –58.

[137] Cyr Dianne. Modeling Web Site Design across Cultures: Relationships to Trust, Satisfaction, and E –Loyalty [J]. Journal of Management Information Systems,

2008, 24 (4): 47 -72.

[138] Dan J K, Ferrin D L, Rao H R. A Trust - based Consumer Decision - making Model in Electronic Commerce: The Role of Trust, Perceived Risk, and Their Antecedents [J]. Decision Support Systems, 2008, 44 (2): 544 -564.

[139] Darby M R, Karni E. Free Competition and the Optimal Amount of Fraud [J]. The Journal of Law and Economics, 1973, 16 (1): 67 -88.

[140] Davis, Fred D, Bagozzi, et al. User Acceptance of Computer Technology: A Comparison of Two Theoretical Models [J]. Management Science, 1989, 35 (8): 982 -1003.

[141] Derek D. Rucker, Richard E. Petty. Increasing the Effectiveness of Communications to Consumers: Recommendations Based on Elaboration Likelihood and Attitude Certainty Perspectives [J]. Journal of Public Policy & Marketing, 2006, 25 (1): 39 -52.

[142] Deutsch M. Trust and Suspicion [J]. Journal of Conflict Resolution, 1958, 2 (4): 265 -279.

[143] DeWulf, K, Schillewaert, N., Muylle, S. & Rangarajan, D. The Role of Pleasure in Web Site Success. Information and Management, 2006 (43): 434 -446.

[144] Dimofte C V. Implicit Measures of Consumer Cognition: A Review [J]. Psychology & Marketing, 2010, 27 (10): 921 -937.

[145] Dodds W B, Monroe K B, Grewal D. Effects of Price, Brand, and Store Information on Buyers' Product Evaluations [J]. Journal of Marketing Research, 1991, 28 (3): 307 -319.

[146] Doney P M, Cannon J P. An Examination of the Nature of Trust in Buyer - seller Relationships [J]. Journal of Marketing, 1997, 61 (2): 35 -51.

[147] Doney P M, Cannon J P. An Examination of the Nature of Trust in Buyer - seller Relationships [J]. Journal of Marketing, 1997, 61 (2): 35 -51.

[148] Dugger W M. The Economic Institutions of Capitalism [J]. Journal of Economic Issues, 1987, 21 (1): 528 -530.

[149] Eagly A H, Chaiken S. The Psychology of Attitudes [M]. The Psychology of Attitudes. Harcourt Brace Jovanovich College Publishers, 1993.

[150] Egger F N. Affective Design of E – Commerce User Interfaces: How to Maximise Perceived Trustworthiness [J]. Human Factors Design, 2001: 317 – 324.

[151] Farrell A M, Lee N. Unique Selling Proposition [M]. Wiley Encyclopedia of Management. John Wiley & Sons, Ltd, 2015.

[152] Featherman M S, Pavlou P A. Predicting E – services Adoption: A Perceived Risk Facets Perspective [J]. International Journal of Human – Computer Studies, 2003, 59 (4): 451 – 474.

[153] Fishbein M, Manfredo. M J. A Theory of Behavior Change in Influencing Human Behavior: Theory and Application in Recreation [J]. Tourism and Nature Resources Management, 1992, 11: 29 – 50.

[154] Gammoh B S, Voss K E, Chakraborty G. Consumer Evaluation of Brand Alliance Signals [J]. Psychology & Marketing, 2010, 23 (6): 465 – 486.

[155] Garrett, J. The Elements of User Experience: User – Centered Design for the Web. Thousand Oaks, CA: New Riders, 2003.

[156] Gefen D. E – commerce: the Role of Familiarity and Trust [J]. Omega, 2000, 28 (6): 725 – 737.

[157] Gefen D. Reflections on the Dimensions of Trust and Trustworthiness Among Online Consumers [J]. Acm Sigmis Database, 2002, 33 (3): 38 – 53.

[158] Gefen D, Straub D W. Consumer Trust in B2C e – Commerce and the Importance of Social Presence: Experiments in E – Products and E – Services [J]. Omega, 2004, 32 (6): 407 – 424.

[159] Gefen D, Straub K D W. Trust and TAM in Online Shopping: An Integrated Model [J]. MIS Quarterly, 2003, 27 (1): 51 – 90.

[160] Ghasemaghaei M, Hassanein K. Impact of Persuasion Processes on Consumer Attitude Towards Online Shopping: The Moderating Role of Product Involvement and Consumer Self – Efficacy [J]. 2015: 1 – 7.

[161] Giffin K. The Contribution of Studies of Source Trustworthiness to a Theory of Interpersonal Trust in the Communication [J]. Psychological Bulletin, 1967, 68 (2): 104-120.

[162] Girard T, Dion P. Validating the Search, Experience, and Credence Product Classification Framework [J]. Journal of Business Research, 2010, 63 (9-10): 1079-1087.

[163] Girard T, Dion P. Validating the search, experience, and credence product classification framework [J]. Journal of Business Research, 2010, 63 (9-10): P. 1079-1087.

[164] Grandón E E, Nasco S A. Comparing Theories to Explain E-commerce Adoption [J]. Journal of Business Research, 2011, 64 (3): 292-298.

[165] Granovetter M S. Economic Action and Social Structure [J]. American Journal Sociology, 1985, 91: 481-510.

[166] Graziano, W G, Tobin, R M. Agreeableness: Dimension of personality or social desirability artifact? Journal of Personality, 2002, 70 (5), 695-728.

[167] Grosso M, Castaldo S, Li H A, et al. What Information Do Shoppers Share? The Effect of Personnel-, Retailer-, and Country-Trust on Willingness to Share Information [J]. Journal of Retailing, 2020, 96 (4): 1-24.

[168] Guha R, Kumar R, Raghavan P, et al. Propagation of Trust and Distrust [M]. CiteSeer, 2004.

[169] Hallikainen H, Laukkanen T. National Culture and Consumer Trust in E-commerce [J]. International Journal of Information Management, 2018, 38 (1): 97-106.

[170] Haugtvedt C P, Petty R E. Need for Cognition and Attitude Persistence [J]. Advances in Consumer Research, 1989, 16 (1): 33-36.

[171] Heijden H V D, Verhagen T, Creemers M. Understanding Online Purchase Intentions: Contributions from Technology and Trust Perspectives [J]. European Journal of Information Systems, 2003, 12 (1): 41-48.

[172] Hemphill T A. Electronic Commerce and Consumer Privacy: Establishing Online Trust in the U. S. Digital Economy [J]. Business & Society Review, 2002, 107 (2): 221 – 239.

[173] Henning – Thurau T, Gwinner K P, Walsh G, et al. Electronic Word – of – Mouth via Consumer – Opinion Platforms: What Motives Consumers to Articulate Themselves on the Internet? [J]. Journal of Interactive Marketing, 2004, 18 (1): 38 – 52.

[174] Hershberger E K. Eelm: a Replication and Enhancement of the Elaboration Likelihood Model for Computer – mediated Environments [M]. 2003.

[175] Hosmer L T. Trust: The Connecting Link between Organizational Theory and Philosophical Ethics [J]. Academy of Management Review, 1995, 20 (2): 379 – 403.

[176] Huang W Y, Schrank H, Dubinsky A J. Effect of Brand Name on Consumers' risk Perceptions of Online Shopping [J]. Journal of Consumer Behaviour, 2010, 4 (1): 40 – 50.

[177] Janakiraman N, Syrdal H A, Freling R. The Effect of Return Policy Leniency on Consumer Purchase and Return Decisions: A Meta – analytic Review [J]. Journal of Retailing, 2016, 92 (2): 226 – 235.

[178] Jarvenpaa S L, Tractinsky N, Vitale M. Consumer Trust in an Internet Store [J]. Journal of Computer – Mediated Communication, 1999, 5 (2): 45 – 71.

[179] Jarvenpaa S L, Tractinsky N, Vitale M. Consumer Trust in an Internet Store [J]. Journal of Computer – mediated Communication, 2000, 1 (1 – 2): 45 – 71.

[180] Jin B K. An Empirical Study on Consumer First Purchase Intention in Online Shopping: Integrating Initial Trust and TAM [J]. Electronic Commerce Research, 2012, 12 (2): 125 – 150.

[181] J. Kitchen P, Kerr G, E. Schultz D, et al. The Elaboration Likelihood Model: Review, Critique and Research Agenda [J]. European Journal of Marketing, 2014, 48 (11/12): 2033 – 2050.

[182] Jung N Y, Seock Y K. Effect of Service Recovery on Customers' perceived

Justice, Satisfaction, and Word - of - mouth Intentions on Online Shopping Websites [J]. Journal of Retailing and Consumer Services, 2017, 37: 23 - 30.

[183] Kaluscha E A. Empirical Research in On - line Trust: A Review and Critical Assessment [J]. International Journal of Human - Computer Studies, 2003, 58 (6): 783 - 812.

[184] Karson E J, Korgaonkar P K. An Experimental Investigation of Internet Advertising and the Elaboration Likelihood Model [J]. Journal of Current Issues & Research in Advertising, 2001, 23 (2): 53 - 72.

[185] Karson E J, Korgaonkar P K. An Experimental Investigation of Internet Advertising and the Elaboration Likelihood Model [J]. Journal of Current Issues & Research in Advertising, 2001, 23 (2): 53 - 72.

[186] Katz, J E, Rice, R E. Social consequences of Internet use. Boston: MIT Press, 2002.

[187] Kerr, Gayle, Don E. Schultz, Philip Kitchen, Frank J. Mulhern, and Park Beede. Does Traditional Advertising Theory Apply to the Digital World? a Replication Analysis Questions the Relevance of the Elaboration Likelihood Mode [J]. Journal of Advertising Research, 2015, 55 (4): 390 - 400.

[188] Kerr G, Schultz D. Maintenance person or architect? The role of academic advertising research in building better understanding [J]. International Journal of Advertising, 2010.

[189] Kiesler C A, Collins B E, Miller N. Attitude Change: A Critical Analysis of Theoretical Approaches [J]. American Sociological Review, 1969, 35 (2): 93 - 98.

[190] Kim E, Tadisina S. Factors Impacting Customers' Initial Trust in E - Businesses: An Empirical Study [J]. System Sciences. Hicss. proceedings of Annual Hawaii International Conference, 2005 (7): 170b.

[191] Kim H W, Gupta S. A Comparison of Purchase Decision Calculus Between Potential and Repeat Customers of an Online Store [J]. Decision Support Systems, 2009, 47 (4): 477 - 487.

[192] Kitchen P J. The Dominant Influence of Marketing in the 21st Century: The Marketing Leviathan [M]. Palgrave Macmillan, 2013.

[193] Koh T K, Fichman M, Kraut R E. Trust Across Borders: Buyer – Supplier Trust in Global Business – to – Business E – Commerce [J]. Social Science Electronic Publishing, 2012, 13 (11): 886 – 922.

[194] Komiak S X, Benbasat I. Understanding Customer Trust in Agent – Mediated Electronic Commerce, Web – Mediated Electronic Commerce, and Traditional Commerce [J]. Information Technology & Management, 2004, 5 (1 – 2): 181 – 207.

[195] Koufaris M, Hampton – Sosa W. The Development of Initial Trust in an Online Company by New Customers [M]. Elsevier Science Publishers B. V. 2004.

[196] Koufaris, M, William H S. The development of initial trust in an online company by new customers [J]. Information & Management. 2004 (41): 377 – 397.

[197] Krishnan V, Ulrich K T. Product Development Decisions: A Review of the Literature [J]. Management Science, 2001, 47 (1): 1 – 21.

[198] Kucukusta D, Law R, Besbes A, et al. Re – examining Perceived Usefulness and Ease of Use in Online Booking: The Case of Hong Kong Online Users [J]. International Journal of Contemporary Hospitality Management, 2015, 27 (2): 185 – 198.

[199] Lamarre H L. Political Entertainment Media and the Elaboration Likelihood Model: A Focus on the Roles of Motivation and Ability [D]. Ohio State University, 2009.

[200] Lee M K O, Turban E. A Trust Model for Consumer Internet Shopping [J]. International Journal of Electronic Commerce, 2001, 6 (1): 75 – 91.

[201] Lee S J, Ahn C, Song K M, et al. Trust and Distrust in E – Commerce [J]. Sustainability, 2018, 10 (4): 1015.

[202] Levine D N, Carter E B, Gorman E M. Simmel's Influence on American Sociology [J]. American Journal of Sociology, 1976, 81 (4): 813 – 845.

[203] Lewicki R J, Mcallister D J, Bies R J. Trust and Distrust: New Relationships and Realities [J]. Academy of Management Review, 1998, 23 (3): 438 – 458.

[204] Lewis J D, Weigert A. Trust as a Social Reality [J]. Social Forces, 1985, 63 (4): 967-985.

[205] Lin C L, Lee S H, Horng D J. The Effects of Online Reviews on Purchasing Intention: The Moderating Role of Need for Cognition [J]. Social Behavior and Personality: An International Journal, 2011, 39 (1): 71-81.

[206] Liu C, Marchewka J T, Lu J, et al. Beyond Concern—a Privacy-trust-behavioral Intention Model of Electronic Commerce [J]. Information & Management, 2005, 42 (2): 289-304.

[207] Liu X, Burns A C, Hou Y. An Investigation of Brand-Related User-Generated Content on Twitter [J]. Journal of Advertising, 2017, 46 (2): 236-247.

[208] Li Y M, Yeh Y S. Increasing Trust in Mobile Commerce through Design Aesthetics [J]. Computers in Human Behavior, 2010, 26 (4): 673-684.

[209] Lowry P B, Vance A, Moody G, et al. Explaining and Predicting the Impact of Branding Alliances and Web Site Quality on Initial Consumer Trust of E-Commerce Web Sites [J]. Journal of Management Information Systems, 2008, 24 (4): 199-224.

[210] Luhmann N, Poggi G, Burns T, et al. Trust and Power: Two Works [M]. U-M-I Out of Print Books on Demand, 1979.

[211] Maccrimmon K R, Wehrung D A, Stanbury W T. Taking risks: The management of uncertainty [M]. Free Press, 1986.

[212] Macy, M W, Skvoretz. The Evolution of Trust and Cooperation Between Strangers: A Computational Model [J] American Sociological Review, 1998. 63 (10): 511-535.

[213] Mayer R C, Davis J H, Schoorman F D. An Integrative Model of Organizational Trust [J]. Academy of Management Review, 1995 (3): 709-734.

[214] Mccall M, Eckrich D W, Libby P, et al. Applying the Consumer Decision Model to Enforce Minimum Age Tobacco Purchasing Laws [J]. Social Behavior & Personality an International Journal, 2003, 31 (2): 121-127.

[215] Mcknight D, Chervany N. What Trust Means in E-Commerce Customer Relationships: An Interdisciplinary Conceptual of Electronic Commerce. [J]. International Journal of Electronic Commerce, 2002, 6 (2): 35-59.

[216] Mcknight D, et al. The impact of initial consumer trust on intentions to transact with a web site: a trust building model [J]. Journal of Strategic Information Systems, 2002.

[217] McKnight, D H, Chervany, N. L. Trust and distrust definitions: One bite at a time. In Trust in Cyber-societies. Springer, 2001.

[218] Mcknight D H, Chervany N L. What Trust Means in E-Commerce Customer Relationships: An Interdisciplinary Conceptual Typology [J]. International Journal of Electronic Commerce, 2001, 6 (2): 35-59.

[219] Mcknight D H, Choudhury V, Kacmar C. Developing and Validating Trust Measures for e-Commerce: An Integrative Typology [J]. Information Systems Research, 2002, 13 (3): 334-359.

[220] McKnight, D H, Cummings, L L, Chervany, N L. Initial trust formation in new organizational relationships. Academy of Management Review, 23, 3 (1998): 473-490.

[221] McKnight, D H, Cummings, L L, Chervany, N L. Initial trust formation in new organizational relationships. Academy of Management Review, 1998, 23 (3): 473-490.

[222] Mcknight D H. Shifting Factors and the Ineffectiveness of Third-Party Assurance Seals: A Two-Stage Model of Initial Trust in a Web Business [J]. Electronic Markets, 2004, 14 (14): 252-266.

[223] Meskaran F, Ismail Z, Shanmugam B. Online Purchase Intention: Effects of Trust and Security Perception [J]. Australian Journal of Basic and Applied Sciences, 2013, 7 (6): 307-315.

[224] Meyerson D, Weick K E, Kramer R M. Swift Trust and Temporary Groups [C]. Trust in Organizations: Frontiers of Theory and Research, 1996: 166-195.

[225] Mitchell V. Consumer Perceived Risk: Conceptualisations and Models [J]. European Journal of Marketing, 1999, 33 (1/2): 163 – 195.

[226] Morgan R M, Hunt S D. The Commitment – Trust Theory of Relationship Marketing [J]. Journal of Marketing, 1994, 58 (3): 20 – 38.

[227] Morris J D, Woo C M, Singh A J. Elaboration Likelihood Model: A Missing Intrinsic Emotional Implication [J]. Journal of Targeting Measurement & Analysis for Marketing, 2005, 14 (1): 79 – 98.

[228] Nel J, Boshoff C. Development of Application – based Mobile – service Trust and Online Trust Transfer: An Elaboration Likelihood Model Perspective [J]. Behaviour & Information Technology, 2017: 1 – 18.

[229] Nelson P. Advertising as Information. [J]. Journal of Political Economy, 1974, 82 (4): 729 – 754.

[230] Neves P, Caetano A. Social Exchange Processes in Organizational Change: The Roles of Trust and Control [J]. Journal of Change Management, 2006, 6 (4): 351 – 364.

[231] Nilashi Mehrbakhsh, Othman Ibrahim, Vahid R Mirabi, et al. The Role of Security, Design and Content Factors on Customer Trust in Mobile Commerce [J]. Journal of Retailing and Consumer Services, 2015, 26: 57 – 69.

[232] Oghazi P, Karlsson S, Hellstr M D, et al. Online Purchase Return Policy Leniency and Purchase Decision: Mediating Role of Consumer Trust [J]. Journal of Retailing and Consumer Services, 2018, 41: 190 – 200.

[233] Oliveira T, Alhinho M, Rita P, et al. Modelling and Testing Consumer Trust Dimensions in E – commerce [J]. Computers in Human Behavior, 2017, 71: 153 – 164.

[234] Pallak M S, Mueller M, Dollar K, et al. Effect of Commitment on Responsiveness to an Extreme Consonant Communication [J]. Journal of Personality & Social Psychology, 1972, 23 (3): 429 – 436.

[235] Pang C, Pang C, Liu L, et al. Exploring Consumer Perceived Risk and

Tust for Online Payments [J]. Computers in Human Behavior, 2015, 50 (C): 9–24.

[236] Park D H, Kim S. The Effects of Consumer Knowledge on Message Processing of Electronic Word–of–mouth via Online Consumer Reviews [J]. Electronic Commerce Research & Applications, 2008, 7 (4): 399–410.

[237] Park D H, Lee J, Han I. The Effect of On–Line Consumer Reviews on Consumer Purchasing Intention: The Moderating Role of Involvement [J]. International Journal of Electronic Commerce, 2007, 11 (4): 125–148.

[238] Park H S, Levine T R, Westerman C Y K, et al. The Effects of Argument Quality and Involvement Type on Attitude Formation and Attitude Change: A Test of Dual–Process and Social Judgment Predictions [J]. Human Communication Research, 2007, 33 (1): 81–102.

[239] Pasadeos, Y, Phelps, J and Edison, A. Searching for Our 'Own Theory' in Advertising: An Update of Research Networks [J]. Journalism and Mass Communication Quarterly, 2008, 85 (4): 785–806.

[240] Pavlou P A. Consumer Acceptance of Electronic Commerce: Integrating Trust and Risk with the Technology Acceptance Model [M]. M. E. Sharpe, 2003.

[241] Pavlou P. Integrating Trust in Electronic Commerce with the Technology Acceptance Model: Model Development and Validation [C]. Americas Conference on Information Systems, 2001.

[242] Petty R E, Brock T C. Effects of Barnum Personality Assessments on Cognitive Behavior [J]. Journal of Consulting and Clinical Psychology, 1979, 47 (1): 201–203.

[243] Petty R E, Cacioppo J T. Attitudes and Persuasion: Classic and Contemporary Approaches [M]. W. C. Brown Co. Publishers, 1981.

[244] Petty R E, Cacioppo J T, Schumann D. Central and Peripheral Routes to Advertising Effectiveness: The Moderating Role of Involvement [J]. Journal of Consumer Research, 1983, 10 (2): 135–146.

[245] Petty R E, Cacioppo J T. The Elaboration Likelihood Model of Persuasion

[J]. Advances in Experimental Social Psychology, 1986, 19 (4): 123-205.

[246] Phung K D, Yen K L, Hsiao M H. Examining the factors associated with consumer's trust in the context of business-to-consumer e-commerce [C] // IEEE International Conference on Industrial Engineering & Engineering Management. IEEE, 2010.

[247] P. M. Doney and J. P. Cannon. An examination of the nature of trust in buyer-seller relationships, Journal of Marketing, 1997, 61 (8): 35-51.

[248] Quelch J A and Klein L R. The Internet and international marketing [J]. Sloan Management Review, 1996 (Spring): 60-75.

[249] Raju S, Rajagopal P, Murdock M R. The moderating effects of prior trust on consumer responses to firm failures [J]. Journal of Business Research, 2021 (122): 24-37.

[250] Rao S, Lee K B, Connelly B, et al. Return Time Leniency in Online Retail: A Signaling Theory Perspective on Buying Outcomes [J]. Decision Sciences, 2017, 49 (3): 275-305.

[251] Reichheld F F, Schefter P. E-Loyalty: Your Secret Weapon on the Web [J]. Harvard Business Review, 2003, 78 (4): 105-113.

[252] Rhine R J, Severance L J. Ego-involvement, Discrepancy, Source Trustworthiness, and Attitude Change [J]. Journal of Personality & Social Psychology, 1970, 16 (2): 175-190.

[253] Riegelsberger, J, Sasse, M A., McCarthy, J. D. Shiny Happy People Building Trust?: Photos on E-Commerce Websites and Consumer Trust, Proceedings of the Conference on Human factors in Computing Systems, Ft. Lauderdale, Florida, USA, April 05-10, 2003.

[254] Rosenberg, M. Occupations and Values. Glencoe. [M] Free Press, 1957.

[255] Rotter J B. A New Scale for the Measurement of Interpersonal Trust [J]. Journal of Personality, 1967, 35 (4): 651.

[256] Rousseau D M. Introduction to Special Topic Forum: Not so Different after All: A Cross-Discipline View of Trust [J]. Academy of Management Review, 1998,

23: 393-404.

[257] Sabel C F. Studied Trust: Building New Forms of Cooperation in a Volatile Economy [J]. Human Relations, 1993, 46 (9): 1133-1170.

[258] Sang A, Ismail R, Boyd C. A Survey of Trust and Reputation Systems for Online Service Provision [J]. Decision Support Systems, 2007, 43 (2): 618-644.

[259] Schlosser A E, White T B, Lloyd S M. Converting Web Site Visitors into Buyers: How Web Site Investment Increases Consumer Trusting Beliefs and Online Purchase Intentions [J]. Journal of Marketing, 2006, 70 (2): 133-148.

[260] Scholten M. Lost and Found: The Information-processing Model of Advertising Effectiveness [J]. Journal of Business Research, 1996, 37 (2): 97-104.

[261] Schumann, D W, Kotowski, M R, Ahn, H Y and Haugtvedt, C. The Elaboration Likelihood Model: a 30-year Review [J]. Advertising Theory Routledge, 2012: 51-68.

[262] Sethna B N, Hazari S, Bergiel B. Influence of User Generated Content in Online Shopping: Impact of Gender on Purchase Behavior, Trust, and Intention to Purchase [J]. International Journal of Electronic Marketing & Retailing, 2017, 8 (4): 344-371.

[263] Shapiro S P. The Social Control of Impersonal Trust [J]. American Journal of Sociology, 1987, 93 (3): 623-658.

[264] Sherif C W, A E. Personal Involvement, Social Judgment, and Action [J]. Journal of Personality and Social Psychology, 1973, 27 (3): 311-328.

[265] Sherif C W, Kelly M, Rodgers H L, et al. Personal Involvement, Social Judgment, and Action [J]. Journal of Personality & Social Psychology, 1973, 27 (3): 311-328.

[266] Sherif M, Hovland C I. Social judgment: Assimilation and Contrast Effects in Communication and Attitude Change [M]. Social Judgment: Assimilation and Contrast Effects in Communication and Attitude Change. Yale University Press, 1961.

[267] Sinclaire J K, Wilkes R B, Simon J C. A Prediction Model for Initial

Trust Formation in B2C eCommerce [J]. 2009, 3 (4): 17-27.

[268] Skadberg Y X, Kimmel J R. Visitors' flow Experience while Browsing a Web Site: its Measurement, Contributing Factors and Consequences [J]. Computers in Human Behavior, 2004, 20 (3): 403-422.

[269] Snyder M, Debono K G. Appeals to Image and Claims About Quality [J]. Sozial Extra, 1985, 37 (1): 17-19.

[270] Song K, Fiore A M, Park J. Telepresence and Fantasy in Online Apparel Shopping Experience [J]. Journal of Fashion Marketing and Management, 2007, 11 (4): 553-570.

[271] Sonia San Martín, Camarero C, Rebeca San José. Does Involvement Matter in Online Shopping Satisfaction and Trust? [J]. Psychology & Marketing, 2011, 28 (2): 145-167.

[272] Stiff J B. Cognitive Processing of Persuasive Message Cues: A meta-analytic Review of the Effects of Supporting Information on Attitudes [J]. Communication Monographs, 1986, 53 (1): 75-89.

[273] Sullivan Y W, Kim D J. Assessing the Effects of Consumers' Product Evaluations and Trust on Repurchase Intention in E-commerce Environments [J]. International Journal of Information Management, 2018, 39: 199-219.

[274] Surhone L M, Tennoe M T, Henssonow S F, et al. Ws-Trust [M]. Betascript Publishing, 2010.

[275] Szczepanski C M. General and special interest magazine advertising and the Elaboration Likelihood Model: A comparative content analysis and investigation of the effects of differential route processing execution strategies [D]. State University of New York at Buffalo, 2006.

[276] Tam K Y, Ho S Y. Web Personalization as a Persuasion Strategy: An Elaboration Likelihood Model Perspective [J]. Information Systems Research, 2005, 16 (3): 271-291.

[277] Teo T S H, Liu J. Consumer Trust in E-commerce in the United States,

Singapore and China [J]. Omega, 2007, 35 (1): 22 –38.

[278] Tesser A. Self – Generated Attitude Change [J]. Advances in Experimental Social Psychology, 1978, 11: 289 –338.

[279] Tyler R B. The Social Psychology of Authority: Why do People Obey an Order to Harm Others [J]. Law & Society Review, 1990, 24 (4): 1089 –1102.

[280] Wang S. Factors Impacting Chinese Consumers? Macro – Level Trust on B2C E – Commerce: A Research of Model Development [M]. IEEE, 2008.

[281] Williamson, O E. Calculativeness, Trust, and Economic Organization [J]. The Journal of Law and Economics, 1993, 36 (1, Part 2): 453 –486.

[282] Yang S C, Hung W C, Kai S, et al. Investigating Initial Trust Toward E – tailers from the Elaboration Likelihood Model Perspective [J]. Psychology & Marketing, 2010, 23 (5): 429 –445.

[283] Yang, Shu – Fei. An eye – tracking study of the Elaboration Likelihood Model in Online Shopping [J]. Electronic Commerce Research and Applications, 2015, 14 (4): 233 –240.

[284] Ye D W, Emurian H H. An overview of online trust: Concepts, elements, and implications [J]. Computers in Human Behavior, 2005, 21 (1): 105 –125.

[285] Ye D W, Emurian H H. An Overview of Online Trust: Concepts, Elements, and Implications [J]. Computers in Human Behavior, 2005, 21 (1): 105 –125.

[286] Yoon H S, Occeña, Luis G. Influencing Factors of Trust in Consumer – to – consumer Electronic Commerce with Gender and Age [J]. International Journal of Information Management, 2015, 35 (3): 352 –363.

[287] Yuan, C, Lvle, Y, Min, Z, Jun, Y. Central or peripheral? Cognition elaboration cues' effect on users' continuance intention of mobile health applications in the developing markets. International Journal of Medical Informatics, 2018, 116, 33 –45.

[288] Zaheer A, Mcevily B, Perrone V. Does Trust Matter? Exploring the

Effects of Interorganizational and Interpersonal Trust on Performance [J]. Organization Science, 1998, 9 (2): 141-159.

[289] Zaichkowsky J L. Measuring the Involvement Construct [J]. Journal of Consumer Research, 1985, 12 (3): 341-352.

[290] Zeithaml V A, Berry L L, Parasuraman A. The Behavioral Consequences of Service Quality [J] Journal of Marketing Research, 1996, 60 (2): 31-46.

[291] Zhang J, Li H, Yan R, et al. Examining the Signaling Effect of E-tailers Return Policies [J]. Data Processor for Better Business Education, 2015, 57 (3): 191-200.

[292] Zhang X, Zhang Q. Online Trust Forming Mechanism: Approaches and an Integrated Model [C]. Proceedings of the 7th International Conference on Electronic Commerce. ACM, 2005: 201-209.

[293] Zhang Y. Research on Trust Issue of Current Chinese C2C E-commerce: Problems and Solutions [C]. IEEE International Conference on Trust. IEEE, https://ieeexplore.ieee.org/document/6296149 2012-09-06.

[294] Zhou, L, Wang, W, Xu, J, Liu, T, Gu, J. Perceived information transparency in B2C e-commerce: An empirical investigation. Information and Management, 2018, 55 (7): 912-927.

[295] Zhou. T. Understanding users' initial trust in mobile banking: An elaboration likelihood perspective. Computers in Human Behavior, 2012 (28): 1518-1525.

[296] Zucker L G. Production of Trust: Institutional Sources of Economic Structure, 1840-1920 [M]. JAI Press, 1986.

[297] Zucker L G. Production of trust: institutional sources of economic structure [J]. Research in Organizational Behavior, 1986 (8): 53-111.